Knaur

Von Josef Kirschner ist bei Knaur außerdem erschienen:

Die Egoisten-Bibel (ISBN 3-426-82327-6)
Hilf Dir selbst, sonst hilft Dir keiner (ISBN 3-426-82339-X)
Die 100 Schritte zum Glücklichsein (ISBN 3-426-82300-4)
So lernen Sie, sich selbst zu lieben (ISBN 3-426-82215-6)
Manipulieren, aber richtig (ISBN 3-426-82295-4)

Über den Autor:

Josef Kirschner, Jahrgang 1931, lebt heute – nach einer steilen Karriere als Chefredakteur, TV-Moderator und Lehrbeauftragter an der Wiener Universität – so, wie es allen gescheiten Egoisten erstrebenswert scheint: »Frei und glücklich aus eigener Kraft, auch wenn es anderen nicht gefällt.«

Josef Kirschner

# Das Egoisten-Training

## Glaube keinem, nur Dir selbst

Knaur

Besuchen Sie uns im Internet:
www.knaur.de

Vollständige Taschenbuchausgabe 2003
Droemersche Verlagsanstalt Th. Knaur Nachf., München

Umschlaggestaltung: ZERO Werbeagentur, München
Umschlagabbildung: Mauritius, Mittenwald
Satz: Ventura Publisher im Verlag
Druck und Bindung: Clausen & Bosse, Leck
Printed in Germany
ISBN 3-426-77561-1

2 4 5 3

*»Du bist Du und niemand anderer.
Für Dich gelten Deine Wünsche, Bedürfnisse und Maßstäbe
und nicht die Maßstäbe anderer. Du bist der Mittelpunkt
Deines Lebens und bestimmst selbst, was für Dich richtig ist.
Wenn Du es nicht tust, reden es Dir andere ein, und Du lebst
nicht mehr Dein eigenes Leben.«*

Aus der »Egoisten-Bibel«

# Inhalt

Ob Sie es wahrhaben wollen oder nicht, aber irgendwie und irgendwann stehen Sie vor der alles entscheidenden Frage ....... 13

Sieben Übungen, um an jedem Tag aus eigener Kraft frei und glücklich zu sein ......... 18

Wer selbst weiß, was er will, und daran glaubt, dass er es verwirklichen kann, entzieht sich der Bevormundung ................ 22

**Erste Übung**
**Machen Sie sich bewusst, wer Sie wirklich sind und wie Sie wirklich leben wollen. Wer selbst nicht weiß, was er will, dem reden es andere ein** ...... 27

1. Nehmen Sie sich von heute an täglich die Zeit, in sich hineinzuhorchen. Statt immer nur danach zu fragen, was andere von Ihnen erwarten .......... 29

2. Lernen Sie, innezuhalten und alles loszulassen, was für andere wichtig ist. Damit Sie erkennen können, wie wichtig Sie sich selbst sein sollten ....... 34

3. Ersetzen Sie den blinden Respekt vor anderen durch den Respekt vor sich selbst. Beginnen Sie den Dialog mit sich ................ 40

4. Ehe Sie in Ihrem Leben die Richtung ändern, müssen Sie wissen, wo Sie jetzt stehen. Sonst kommen Sie vielleicht niemals ans Ziel ........ 44

5. Fassen wir zusammen, ehe Sie weiterlesen ........ 48

**Zweite Übung**
**Damit sich irgendetwas in Ihrem Leben ändern kann, müssen Sie lernen, die Entscheidungen für Ihr Handeln selbst zu fällen** .................... 49

1. Viele Ihrer Konflikte beginnen damit, dass Sie nicht selbst entscheiden .................. 51

2. Wenn Sie die großen Entscheidungen gefällt haben, ergeben sich die kleinen Entscheidungen ganz von selbst. Vorausgesetzt natürlich, der Glaube an Sie selbst ist stärker als alle Zweifel .... 57

3. Erst wenn Sie bereit sind zu verzichten, lernen Sie die Macht des freien Entscheidens kennen ....... 63

4. Hier sind 18 Egoisten-Regeln für das Entscheiden. Vielleicht regen Sie einige davon zum Nachdenken an ................ 68

5. Fassen wir zusammen, ehe Sie weiterlesen ........ 72

**Dritte Übung**
**Machen Sie Ihren eigenen Lebensplan, damit Sie alle Ihre Handlungen daran messen können** . . . . . . . . . 75

1. Die vier wichtigsten Gründe, nicht mehr von den Plänen abhängig zu sein, die andere für Sie machen . . . . . . . . . . . . . . . . . . . . . . . 77

2. Stellen Sie sich eine Pyramide vor, an der Sie für den Rest Ihres Lebens bauen . . . . . . . . . 82

3. Die 30 kleinen Elemente, aus denen sich der große Lebensbau zusammensetzt . . . . . . . . . . . . . . 87

4. Wie Sie die Antwort auf alle Fragen Ihres Lebens bei sich selbst finden. Statt sich hilflos den allwissenden Schlauen auszuliefern . . . . . . . . . . . . . . 93

5. Der beste Plan nützt Ihnen nichts, wenn Sie nicht daran glauben . . . . . . . . . . . . . . . . . . . . 97

6. Fassen wir zusammen, ehe Sie weiterlesen . . . . . . . 101

**Vierte Übung**
**Erkennen Sie die Hindernisse, die der Erfüllung Ihres Plans im Wege stehen. Nur wenn Sie wissen, warum Sie so sind, wie Sie sind, können Sie daran etwas dauerhaft verändern** . . . . . . . . . . . . . . 103

1. Machen Sie eine Liste Ihrer fünf größten Ängste und der drei Leute, vor denen Sie sich am meisten fürchten. Und fragen Sie sich: »Warum?« .......... 105

2. Sie sind so geworden, wie Ihre Trainer Sie werden ließen. Übernehmen Sie jetzt Ihr Training selbst – ohne sich vor irgendjemandem zu fürchten ........ 109

3. Wenn Sie sich Ihren Ängsten stellen, kann Sie kein Erzieher mehr damit erpressen ...... 113

4. Warum das, was Sie dürfen, immer nur ein schwacher Ersatz für das ist, was Sie wirklich wollen .......................... 116

5. Fassen wir zusammen, ehe Sie weiterlesen ....... 121

**Fünfte Übung**
**Lernen Sie die beste Technik, sich selbst zu beeinflussen, damit Sie immer weniger von anderen manipuliert werden können** ... 123

1. Sie sind so, wie Sie denken, und werden so, wie Sie immer wieder denken. Freiheit und Glück beginnen an jedem Morgen in Ihrem Kopf ........ 125

2. Wie Sie durch gezieltes Denken das Unterbewusstsein mit Ihren eigenen Zielen programmieren können ....................... 129

3. Die Fünf-Frage-Technik,
bewusst mit Ihren Ängsten umzugehen ............ 135

4. Lassen Sie zu, was Sie frei und glücklich macht.
Lassen Sie los, was Sie belastet und krank macht .... 141

5. Fassen wir zusammen, ehe Sie weiterlesen ........ 148

**Sechste Übung**
**Trainieren Sie Ihr neues Leben an jedem Tag, bis der Glaube an Sie selbst stärker ist als alle Ihre Zweifel** ... 149

1. Trainieren heißt, einen Wunsch so lange
einzuüben, bis er sich ganz von selbst erfüllt ........ 151

2. Wenn Sie aus Ihren Fehlern lernen,
gibt es keine Niederlagen mehr in Ihrem Leben .... 155

3. Denken Sie immer an das große Ziel,
während Sie sich in kleinen machbaren Schritten
darauf zubewegen ............................ 160

4. Fünf unbezahlbare Möglichkeiten,
die tägliche »Zeit für mich« als die Grundlage
der Selbsterziehung zu nützen ................. 164

5. Der Maßstab jedes Trainings ist das Ergebnis,
gemessen an der Zielvorstellung ................ 169

6. Fassen wir zusammen, ehe Sie weiterlesen ....... 173

**Siebente Übung**
**Kontrollieren Sie Ihr Denken und Handeln selbst, damit Sie aus Erfolgen und Fehlern lernen können** . . . . . . . . . . . . . . . . . . . . . . . 175

1. Wer keinen eigenen Plan besitzt, ist von Lob und Kritik anderer abhängig . . . . . . . . . . . 177

2. Jede erfolgreiche Selbst-Kontrolle beginnt mit dem Wort »Warum?« . . . . . . . . . . . . . . . . . . . . . . . 180

3. Wenn Sie sich ohne Zögern dem Ergebnis Ihres Handelns stellen, sparen Sie die Zeit, um nach Ausreden zu suchen . . . . . . . . . . . . . . . . . 184

4. Zehn »Wahrheiten« unserer Erziehung, denen Sie auf den Grund gehen sollten . . . . . . . . . . . 187

5. Warum alle sieben Übungen des »Egoisten-Trainings« nur gemeinsam eine sinnvolle Strategie der Veränderung ergeben . . . . . . 191

6. Fassen wir zusammen, ehe Sie dieses Buch aus der Hand legen . . . . . . . . . . . 195

Nachwort . . . . . . . . . . . . . . . . . . . . . . . . . . . . . . . . 197

## Ob Sie es wahrhaben wollen oder nicht, aber irgendwie und irgendwann stehen Sie vor der alles entscheidenden Frage

Lieber Leser, unser ganzes Leben ist Training. Kaum haben wir das Licht der Welt erblickt, werden wir schon in Schubladen gezwängt. Von den Eltern, den Lehrern, den Chefs, dem Staat und der Gesellschaft. Das heißt, von den Leuten, die ganz genau wissen, was gut und schlecht für uns ist. Zumindest reden sie es uns ein Leben lang ein, bis wir es glauben.

Unermüdlich werden Gesetze und Verbote für uns erlassen. Bedürfnisse werden uns vorgegaukelt und Hoffnungen erweckt. Versprechungen werden gemacht, die dann doch niemals eingehalten werden.

Das Training findet täglich statt und beginnt am frühen Morgen, wenn wir die Zeitung aufschlagen, das Radio andrehen oder das Fernsehgerät. Von allen Seiten dringen die Botschaften auf uns ein. Und die meisten von uns nehmen sich längst nicht mehr die Zeit, darüber nachzudenken, was ihnen von allen diesen Angeboten wirklich nützt. Und was ihnen schadet. Statt sich eine eigene Meinung zu bilden, glauben sie alles, was ihnen angeboten wird.

Die Methoden unserer Manipulation sind einfach und haben sich seit Jahrtausenden bewährt. Das Prinzip lautet: »Wenn Du den Menschen die größte Lüge lange und eindringlich genug einredest, werden sie es eines Tages für die Wahrheit halten und das tun, was Du von ihnen verlangst.«

Genau betrachtet, leben wir in einer Drei-Klassen-Gesellschaft:

- Da ist die unüberschaubare Masse der Dummen, die ständig auf der Suche nach Leuten sind, die ihnen sagen, was sie denken, kaufen, hoffen und glauben sollen.
- Dann ist da die Kaste der Schlauen, die den Dummen sagen, was sie denken, kaufen, hoffen und glauben sollen.
- Schließlich existiert da noch eine kleine Elite von Gescheiten, die selbst wissen, was für sie richtig ist, und es auch tun. Gleichgültig, ob es anderen gefällt oder nicht.

Wenn Sie erfahren möchten, zu welcher Klasse Sie gehören, brauchen Sie sich nur diese eine Frage ehrlich zu beantworten: »Lebe ich so, wie andere es wollen, oder lebe ich, wie ich leben möchte?«
So einfach diese Frage auch klingen mag, sie wird Sie in Verlegenheit bringen. Vielleicht sagen Sie: »Ich bin doch ein freier Bürger in einem freien Land und kann für mich selbst entscheiden.« Natürlich können Sie selbst entscheiden, welche Automarke Sie kaufen. Auf dem Tachometer des Wagens wird Ihnen versprochen, dass Sie damit 220 oder vielleicht 240 Stundenkilometer fahren können. Aber dürfen Sie es?

Warum dürfen Sie es nicht? Und wer droht Ihnen mit Strafe, wenn Sie es tatsächlich tun? Es kann auch sein, dass Sie weniger rauchen oder essen oder jemand ganz anderer sein möchten, als Sie tatsächlich sind. Sind Sie so frei, diese Vorhaben zu verwirklichen? Oder stehen Sie sich dabei selbst im Weg?

Der größte Konflikt, der uns Tag für Tag zu schaffen macht, ist der Konflikt zwischen Wollen und Dürfen. Und es scheint, als hätten die meisten von uns sich daran gewöhnt, nur das zu wollen, was sie dürfen. Dies ist das Ergebnis des lebenslangen Trainings, dem die Schlauen die Dummen ohne Unterlass unterziehen.

Wenn wir etwas möchten, was wir nicht dürfen, verdrängen wir den Wunsch aus Angst, etwas Verbotenes zu tun. Wenn wir etwas getan haben, was wir wollten, aber nicht durften, beginnt die Angst davor, erwischt und bestraft zu werden.

Ob Sie es wahrhaben wollen oder nicht, aber irgendwie und irgendwann stehen Sie vor der alles entscheidenden Frage:

- Genügt es mir, so zu leben, wie andere es von mir erwarten? Auch wenn ich meine eigenen Wünsche, Träume und Bedürfnisse dafür verdrängen muss?
- Oder suche ich nach einem Weg, mich aus der Bevormundung der allgegenwärtigen Trainer zu befreien, um der zu sein, der ich wirklich bin?

Das »Egoisten-Training« ist eine Anregung für die Suche nach diesem Weg. Es ist ein konkretes Programm, Ihr Leben neu zu überdenken und sich die Fähigkeiten anzueignen, die erforderlich sind, um das Training Ihres Lebens selbst zu übernehmen.

Sie sollten sich bei diesem Vorhaben keine falschen Hoffnungen machen. Sich von der Bevormundung durch andere zu befreien, wird auf heftigen Widerstand stoßen.

- Kein Trainer lässt es ungestraft zu, dass ein Schüler sein Training selbst bestimmt.
- Kein Arzt wird gerne sehen, dass Sie selbst alles tun, um gesund zu bleiben. Schließlich lebt er von Ihrer Krankheit.
- Kein Lehrer möchte, dass der Schüler mehr weiß als er.
- Kein Politiker ist scharf darauf, dass Sie ihn für sein Handeln zur Verantwortung ziehen, wenn er durch Ihre Stimme an die Macht gekommen ist.
- Wer Sie bisher mühelos zu seinem Vorteil ausnützen konnte, wird Ihnen drohen, dass Sie ohne seine Hilfe scheitern werden.

Aber es wird nicht nur Widerstände von außen geben. Viele der Gehorsams-Rituale, Unterwerfungsgesten und Beschönigungs-Floskeln, mit denen Sie gewohnt sind, sich zu rechtfertigen, verlieren plötzlich ihre Bedeutung.

Das »Egoisten-Training« kann nur erfolgreich sein, wenn Sie eine klare Entscheidung fällen. Und diese Entscheidung kann nur lauten: »Zuerst ich, dann die anderen.«

»Zuerst ich« bedeutet, die Verantwortung für Ihr Denken und Handeln selbst zu übernehmen. Als Ihr eigener Trainer fragen Sie dann nicht mehr: »Darf ich das?« Sie fragen zuerst: »Was will ich, weil es mich von Tag zu Tag ein wenig freier und glücklicher macht?« Sie fragen nicht mehr: »Wer hilft mir, mein Problem zu lösen?«, sondern: »Ich lebe mein Leben aus eigener Kraft.«

## Sieben Übungen, um an jedem Tag aus eigener Kraft frei und glücklich zu sein

Jeder von uns, so scheint es, lebt mit dem ständigen Wunsch, sich zu verändern. Zwei Faktoren entscheiden darüber:

1. Was will ich an mir ändern?
2. Wie kann ich mich ändern?

Jede der drei erwähnten Klassen unserer Gesellschaft besitzt ihren eigenen Zugang zu diesem Wunsch.

Die Masse der Dummen wird darauf dressiert, nicht selbst für sich zu denken. Ihre Wünsche orientieren sich nach den Wünschen anderer. Sie wollen Teil der Masse sein. Dafür sind sie jederzeit bereit, sich selbst zu verleugnen und von anderen abhängig zu sein.

Sehen Sie sich um, und Sie werden bald erkennen, wie die Methode unserer Bevormundung funktioniert. Nicht zufällig gibt es in jeder Art von Beeinflussung das Prinzip der quantitativen und der qualitativen Manipulation.

- Das Prinzip der *quantitativen* Manipulation beruht auf der Überlegung: »Weil alle es tun, muss es auch für mich das Richtige sein. In der Masse fühle ich mich sicher.«

Wenn Sie sich fragen, warum sich Jeans oder Coca-Cola, McDonalds-Brötchen, Handys oder Internet in der ganzen Welt so massenhaft verbreiten – jetzt wissen Sie die Antwort.

- Das Prinzip der *qualitativen* Manipulation besagt: »Weil ich selbst nicht weiß, was für mich richtig ist, suche ich mir ein Vorbild.« Für die Dummen, die selbst nicht wissen, was sie wollen, werden Helden gemacht und Schönheitsköniginnen oder Filmstars geschaffen. Oder auch nur brave Hausfrauen, die im Fernsehen zeigen, wie wichtig es ist, das einzig weißmachende Waschmittel zu verwenden. Denn eine gute Hausfrau ist nur, wer für blendend weiße Wäsche sorgt.

Die Kaste der Schlauen erzieht die Masse der Dummen nicht nur zur Unselbstständigkeit, sie sorgt auch für ständiges intensives Training der Unterordnung. Sie erweckt Wünsche, verspricht ihre Erfüllung und nützt die Ängste, hilflos allein gelassen zu werden.

Ob Politiker oder Wissenschaftler, ehrgeizige Manager oder ehrwürdige Bischöfe, und auch alle anderen, die für uns Bedürfnisse schaffen, um davon zu profitieren – sie alle unterliegen dem Wettbewerb, immer mehr Dumme für immer mehr ihrer Angebote oder Botschaften zu gewinnen. Es besteht nicht der geringste Zweifel, dass ihnen ihr Vorhaben gelingt.

Und die Gescheiten? Nun, die Gescheiten denken selbst für sich, erkennen ihre individuellen Bedürfnisse, schaffen sich ihre eigenen Träume und manipulieren sich selbst, ohne von anderen abhängig zu sein.

Um es ohne Umschweife klarzustellen: Das »Egoisten-Training« ist eine Anleitung für Gescheite. Das Programm besteht aus folgenden sieben Übungen:

1. Machen Sie sich bewusst, wer Sie wirklich sind und wie Sie wirklich leben wollen. Wer selbst nicht weiß, was er will, dem reden es andere ein.
2. Damit sich irgendetwas in Ihrem Leben ändern kann, müssen Sie lernen, die Entscheidungen für Ihr Handeln selbst zu fällen.
3. Machen Sie Ihren eigenen Lebensplan, damit Sie alle Ihre Handlungen daran messen können.
4. Erkennen Sie die Hindernisse, die der Erfüllung Ihres Plans im Wege stehen. Nur wenn Sie wissen, warum Sie so sind, wie Sie sind, können Sie daran etwas dauerhaft verändern.
5. Lernen Sie die beste Technik, sich selbst zu beeinflussen, um sich immer mehr der Bevormundung durch andere zu entziehen.
6. Trainieren Sie Ihr neues Leben an jedem Tag, bis der Glaube an Sie selbst stärker ist als alle Ängste und Zweifel, die Sie daran hindern, das Leben zu führen, das Sie führen wollen.
7. Kontrollieren Sie Ihr Denken und Handeln, damit Sie aus Erfolgen und Fehlern lernen können.

Auch wenn es Ihnen vielleicht noch niemand so deutlich gesagt hat, aber jedes Training der eigenen Stärke hat nur ein einziges Ziel: Sie müssen das, was Sie erreichen wollen, so lange geduldig einüben, bis es ganz von selbst geschieht. Wenn Sie das zuwege bringen, können Sie aus eigener Kraft frei und glücklich sein.

Aus eigener Kraft an jedem Tag des Lebens frei und glücklich zu sein, das ist es, was die Gescheiten gegen alle Versuchungen der Schlauen unverwundbar macht.

## Wer selbst weiß, was er will, und daran glaubt, dass er es verwirklichen kann, entzieht sich der Bevormundung

Irgendwann einmal – wenn Sie das Leben nach eigenen Bedürfnissen und Wünschen trainieren – werden Sie unvermeidlich mit der Drohung eines Schlauen konfrontiert sein: »Wie kannst Du nur so egoistisch sein. Wo kommen wir denn hin, wenn jeder nur an sich selbst denkt?«

Solidarität und Gefälligkeit, Mitleid und Nächstenliebe, Friede in der Welt und der ständige Aufruf, unsere eigenen Interessen hintanzustellen – alles das gehört zu den Botschaften, mit denen die Schlauen auf Menschenfang gehen.

Was haben diese hehren Forderungen in der Welt und an Ihrem eigenen ganz persönlichen Befinden wirklich verändert? Sind Sie deshalb freier oder glücklicher? Aber wer weiß, vielleicht wird in ferner Zukunft tatsächlich einmal alles anders werden.

Wer daran glaubt, sollte sich in diesem Glauben nicht erschüttern lassen. Denn schon der leiseste Zweifel daran wäre der Anfang des Konflikts, der so viele Gutgläubige ein Leben lang unglücklich macht.

Selbstverständlich ist der Glaube die stärkste Kraft, die unmöglich Scheinendes möglich macht. Was darüber entscheidet, ist allerdings die Frage: Der Glaube woran und an wen?

Woran glauben Sie?

Vermutlich entscheidet Ihre Antwort auf diese Frage, ob Sie für den Rest Ihres Lebens zur Klasse der Dummen, der Schlauen oder der Gescheiten gehören werden.

Woran oder an wen glauben Sie, wem vertrauen Sie, wer hilft Ihnen wirklich in der Not, wenn Sie sich darauf verlassen haben, dass er Sie rettet, ohne daraus einen Nutzen zu ziehen?

Wenn es Ihr Bedürfnis ist, sich für andere aufzuopfern, für den Preis der Selbstaufgabe, wird es Sie glücklich machen. Vorausgesetzt, Sie erwarten niemals Dankbarkeit. Sicher ist: Ihr Glück wird auch dann nicht von Ihnen selbst bestimmt, sondern von denen, für die Sie sich geopfert haben. Frei sein freilich, das werden Sie nie.

Vielleicht ist der Weg zur Selbsterfüllung ein Leidensweg der Enttäuschungen. Wenn sich nichts von dem erfüllt, was andere uns versprochen haben, bleiben uns vermutlich nur drei Möglichkeiten:

- Wir resignieren und fügen uns in ein Schicksal, von dem wir meinen, dass wir es nicht beeinflussen können.
- Wir machen uns ungebrochen auf die Suche nach neuen Leuten und Ideen, Hoffnungen und Versprechen, an die wir ohne zu zweifeln glauben können. Immer in der Gewissheit allerdings, dass schon beim ersten

Zweifel die Kraft des Glaubens zu Ende ist und der Konflikt beginnt.
- Oder wir beschließen: »Von jetzt an glaube ich nur noch an mich selbst.«

Wie immer Sie darüber denken mögen, es scheint vernünftig, den Glauben an andere – von denen wir nie wissen, ob sie uns nicht eines Tages enttäuschen – durch den Glauben an sich selbst zu ersetzen. Wer an sich selbst glaubt, ist von niemand anderem abhängig.

Um es noch deutlicher zu sagen: Wenn ich mich für den Glauben an mich selbst entscheide und ihn täglich trainiere, entziehe ich mich der Gefahr, von anderen benützt zu werden.

Wie immer Sie sich in der Frage des Glaubens entscheiden, wissen sollten Sie, dass der Erfolg des »Egoisten-Trainings« nicht unerheblich davon abhängen wird.

An sich selbst mehr zu glauben als an irgendjemand anderen, ist selbstverständlich purer Egoismus. Und es ist ebenso verständlich, dass die Schlauen nicht müde werden, diese Einstellung zum Leben gehörig zu verteufeln. Allein der Begriff selbst dient ihnen schon als Warnung, die uns abschrecken soll, mehr an uns selbst zu denken als an das angebliche Wohl einer anonymen Allgemeinheit.

Wer selbst weiß, was er will, und daran glaubt, dass er es verwirklichen kann, verweigert sich der Bevormundung.

Er erkennt seine wirklichen Bedürfnisse und entzieht sich der Manipulation.

Die sieben Übungen des »Egoisten-Trainings« beruhen auf einer Sammlung von Erkenntnissen, die gegen Ende des vergangenen Jahrhunderts als »Egoisten-Bibel« veröffentlicht wurde. Sie gilt seither als Standardwerk für Gescheite.

Im Gegensatz zu anderen Bibeln, Rezepturen und Gesetzeswerken enthält die »Egoisten-Bibel« weder Vorschriften noch Verbote. Sie beschreibt die Regeln und Anleitungen von Gescheiten, mit denen sie es geschafft haben, sich aus ihren Abhängigkeiten zu befreien. Eine grundsätzliche Erkenntnis darin lautet: »Der wahre Fortschritt unserer Zeit besteht in der Rückkehr zu sich selbst.«

Das »Egoisten-Training« enthält viele praktische Anregungen, dieses Programm im täglichen Leben zu verwirklichen. Es erhebt keinen Anspruch auf Vollständigkeit und bietet keine Garantie auf Erfolg. Egoismus, gesunder Egoismus, ist nichts, das uns irgendjemand lehren könnte. Er beruht auf Selbstverantwortlichkeit. Wer dazu bereit ist, wird eines Tages das Ergebnis seiner Bemühungen ernten. Wer es nicht ist, wird wenigstens wissen, wie er sein Leben gestalten könnte – wenn er wollte.

# Erste Übung

## Machen Sie sich bewusst, wer Sie wirklich sind und wie Sie wirklich leben wollen. Wer selbst nicht weiß, was er will, dem reden es andere ein

1. *Nehmen Sie sich von heute an täglich die Zeit, in sich hineinzuhorchen. Statt immer nur danach zu fragen, was andere von Ihnen erwarten*
2. *Lernen Sie, innezuhalten und alles loszulassen, was für andere wichtig ist. Damit Sie erkennen können, wie wichtig Sie sich selbst sein sollten*
3. *Ersetzen Sie den blinden Respekt vor anderen durch den Respekt vor sich selbst. Beginnen Sie den Dialog mit sich*
4. *Ehe Sie in Ihrem Leben die Richtung ändern, müssen Sie wissen, wo Sie jetzt stehen. Sonst kommen Sie vielleicht niemals ans Ziel*
5. *Fassen wir zusammen, ehe Sie weiterlesen*

# 1
# Nehmen Sie sich von heute an täglich die Zeit, in sich hineinzuhorchen. Statt immer nur danach zu fragen, was andere von Ihnen erwarten

»Der wahre Fortschritt unserer Zeit besteht in der Rückkehr zu Dir selbst«, diese Erkenntnis aus der »Egoisten-Bibel« ist es wert, dass Sie ein wenig darüber nachdenken.

Lesen Sie nicht einfach über diesen Satz hinweg und denken: »Ja, ja. Da ist schon etwas Wahres dran.« Überlegen Sie, wie sehr er auf Sie selbst zutrifft. Was haben Sie gestern oder heute alles getan, was Sie gar nicht tun wollten? Wie oft sind Sie einem Streit ausgewichen und haben nachgegeben?

Aus Gefälligkeit vielleicht. Um vor anderen das Gesicht zu wahren. Aus vorauseilendem Gehorsam, um sich nicht unbeliebt zu machen. Oder einfach nur, um etwas zu tun, was jemand anderer über Ihren Kopf hinweg für Sie entschieden hat. Und Sie sind froh darüber, weil er Ihnen eine Entscheidung abgenommen hat.

Jemand anderer hat für Sie gedacht und entschieden. Und warum? Weil Sie selbst es nicht getan haben. Sie waren viel zu sehr damit beschäftigt, das zu tun, was andere von Ihnen erwarten, als sich die Zeit zu nehmen, darüber nachzudenken, was Sie selbst wollen.

Je öfter Sie das tun, umso mehr entfernen Sie sich von dem Ich, das Sie eigentlich sind, und werden zu dem, was andere aus Ihnen machen.

Gelegentlich beklagen Sie sich dann voll Selbstbedauern: »Ich habe einfach keine Zeit für mich.« Sie haben keine Zeit für sich, weil Ihnen alles andere wichtiger ist als Sie selbst.

Vielleicht machen Sie jemand anderem den Vorwurf, er hätte keine Zeit für Sie. Aber wie können Sie von anderen etwas erwarten, was für Sie selbst keinen Wert besitzt?

Keine Zeit für sich zu haben, heißt in Wahrheit: Sie *nehmen* sich diese Zeit nicht. Und warum nicht? Wer soll Ihnen etwas geben, dem Sie sich selbst verweigern?

Keine Zeit für sich zu haben, ist sehr oft nur eine Ausrede dafür, sie sich gar nicht nehmen zu wollen. Sie wollen gar nicht wissen, was Ihnen bewusst werden könnte, wenn Sie sich an jedem Tag auch nur eine Viertelstunde lang in eine stille Ecke setzen, um in sich hineinzuhorchen.

Sie haben vielleicht Angst davor, sich bewusst zu machen, was Sie gestern und vorgestern oder seit Jahren so erfolgreich verdrängt haben. Sie haben es verdrängt, beiseite geschoben. Irgendwohin in Ihr Unterbewusstsein.

Stellen Sie sich dieses Unterbewusstsein als Warenlager vor. Wie viele verdrängte, ungelöste Probleme, unerfüllte

Wünsche, aufgegebene Ideen und unbefriedigte Bedürfnisse haben Sie in all diesen Jahren dort schon abgelegt?

Meinen Sie, damit sei die Sache für Sie erledigt?

Nichts, was Sie verdrängen, weil Sie sich nicht die Zeit dafür genommen haben, ist erledigt. Es bleibt ungelöst in Ihnen, in Ihrem Denken und Fühlen, und bedrängt Sie. Es ist Teil Ihres täglichen Handelns, ohne dass Sie es wahrhaben. Es kostet Sie viel mehr Zeit, es vor anderen zu verbergen, als es gekostet hätte, sich damit rechtzeitig auseinander zu setzen und das Problem an seiner Wurzel zu lösen.

Vieles von dem, was Sie tun, ist nichts anderes, als die Flucht davor, sich genügend Zeit für die Lösung von Problemen zu nehmen. Sie flüchten in äußere Aktivitäten, nur um sich mit sich selbst nicht ernsthaft beschäftigen zu müssen.

Weil Sie sich selbst keine Zeit für sich nehmen, bezahlen Sie alle die Angebote, die Ihnen bei der Flucht vor dem Nachdenken über sich behilflich sind.

Denken Sie nicht, diese Flucht sei etwas, das sich nur in Ihrem Kopf abspielt. Tatsache ist: Es kann Sie krankmachen. Wie viele Menschen, denken Sie, liegen in Spitälern und werden für Krankheiten behandelt, die ihre wahre Ursache in ungelösten Problemen haben? Man sagt, es seien an die 40 Prozent. Wie auch immer: Alles beginnt damit, dass wir nicht gelernt haben, innezuhalten und uns an jedem Tag mit uns selbst zu beschäftigen. In uns hineinzuhorchen und einen Dialog mit uns zu führen.

Natürlich ist das alles überhaupt nicht verwunderlich. Die allgegenwärtigen Trainer, die über unser Leben bestimmen, sind nicht daran interessiert, dass wir uns mit uns selbst beschäftigen. Sie wollen, dass wir uns mit ihnen beschäftigen, an sie glauben, uns von ihnen helfen lassen. So lange, bis wir von ihrer Hilfe abhängig sind.

Sie sind daran interessiert, dass wir uns auf der Flucht vor uns selbst ihnen in die Arme werfen. Sie bieten uns Unterhaltung und Arbeit an, sie haben es geschafft, uns einzureden, dass Geld und Einfluss, Mode, Tempo und Fortschritt viel wichtiger sind als das Nachdenken über uns selbst.

Unsere schlauen Trainer sind nicht daran interessiert, weil uns diese Zeit des Nachdenkens zu dem Ergebnis führen könnte, dass wir sie gar nicht brauchen. Wer seine Probleme selbst erkennt und eigene Lösungen dafür findet, braucht schließlich nicht mehr die Hilfe anderer.

Wer gelernt hat, mit sich selbst einen Dialog zu führen, braucht nicht mehr vor der Einsamkeit in die Zweisamkeit oder Vielsamkeit zu flüchten. Oder in den Alkohol, in Drogen, in die Aggression oder in Selbstmitleid.

Alles das sollten Sie bedenken, wenn Sie sich auf das »Egoisten-Training« einlassen. Innezuhalten und sich Zeit für sich zu nehmen, ist der erste Schritt auf dem Weg zurück zu sich selbst.

Es ist ein Schritt, der in Ihrem Denken beginnt. In Ihrem eigenen Denken. Und bei sich selbst. Nur bei sich selbst. Niemand wird Ihnen die Zeit dafür geben. Nur Sie können es.

Alles andere sind Ausreden. Ausreden, die sinnlos geworden sind, wenn Sie sich dazu entschieden haben, Ihr eigener Trainer zu sein.

Vor wem sollten Sie sich rechtfertigen? Als Ihr eigener Trainer können Sie niemand anderem – auch keinem Partner, Psychiater oder guten Freund – die Schuld dafür in die Schuhe schieben, dass Sie nicht tun, was Sie sich zum Ziel gesetzt haben. Oder dass Sie Ihre Pläne vorzeitig aufgeben. Oder scheitern.

Das Ziel dieser ersten Übung heißt: »Ich nehme mir an jedem weiteren Tag meines Lebens Zeit für mich, um mir bewusst zu machen, wer ich wirklich bin und was ich wirklich in meinem Leben will. Ich halte inne, statt vor mir zu flüchten.«

Dafür sollten Sie sich entscheiden, ehe Sie weiterlesen.

# 2
# Lernen Sie, innezuhalten und alles loszulassen, was für andere wichtig ist. Damit Sie erkennen können, wie wichtig Sie sich selbst sein sollten

Auf der Flucht innezuhalten, um uns auf die Suche nach uns selbst zu machen, weil wir beschlossen haben, dass in unserem Leben nichts wichtiger ist als wir selbst.

Wissen Sie, was diese Entscheidung bedeutet? Sie bedeutet, dass Sie Ihrem ganzen Leben damit vielleicht eine völlig neue Richtung geben. Sie wachen morgens auf und denken nicht zuerst: »Was muss ich heute für andere tun?«, sondern: »Ich freue mich auf diesen Tag und werde für mich das Beste daraus machen.«

Sie wachen auf und nehmen sich die Zeit, zuerst an sich selbst zu denken, weil Sie das Wichtigste in Ihrem Leben sind. Alles andere geht vorbei. Über die scheinbar übermächtigen Probleme von heute werden Sie vermutlich in einem Monat lächeln. Aber Sie bleiben auch in einem oder in zehn Jahren noch immer Sie selbst.

Ist es da nicht wichtig genug, an jedem einzelnen Tag einen Trainingsschritt zu machen, der Ihr Ich-Bewusstsein in zehn Jahren genauso gestärkt hat wie das zehnjährige Training die Beinmuskulatur eines Marathonläufers?

Welchen Beruf wir auch ausüben, wir finden es ganz selbstverständlich, dass wir ihn erlernen, Prüfungen ablegen und Diplome erwerben. Millionen Menschen joggen durch die Parks, schwitzen in Kraftkammern ihre Kilos ab oder sitzen stundenlang in Kursen oder vor einem Internet-Programm, um sich weiterzubilden. Aber was tun sie, um die Fähigkeiten zu trainieren, die sie zu freien, glücklichen, selbstbewussten, mündigen Menschen machen könnten?

Vielleicht haben Sie noch nie daran gedacht, was das ganz große Ziel Ihres Lebens wäre. Bedeutender als mehr zu verdienen, sich ein Haus zu bauen, genügend Geld auf der Bank zu haben oder die Geborgenheit in einer funktionierenden Familie.

Vor einigen Jahren wurden ein paar tausend Leute gefragt, was ihnen das Heiligste, das Wichtigste in ihrem Leben ist. Hier sind einige der Antworten:

- 20 Prozent der Befragten erklärten, es sei der Glaube an Gott.
- Zehn Prozent sagten, die Treue in der Ehe.
- Acht Prozent erklärten ihr Auto für das Wichtigste.

Aber die meisten, es waren 62 von hundert, sagten unumwunden: »Das Heiligste in meinem Leben sind mir meine persönliche Freiheit und mein Glück.«

»Meine persönliche Freiheit und mein Glück«, erklärten sie. Aber niemand hat sie gefragt, welche Fähigkeiten sie gelernt haben, um dieses für sie wertvollste Ziel ihres Lebens zu erreichen.

Wie erlangen Sie in Ihrem Leben das höchste Maß an Freiheit und Glück? Auch wenn es Ihnen nicht bewusst sein sollte, aber es ist das, was wir uns alle wünschen: uns frei zu machen von der Abhängigkeit. So selbstsicher zu sein, dass wir Nein sagen, statt aus Gefälligkeit Ja zu sagen. Das zu tun, was uns glücklich macht, statt unsere schönsten Wünsche und Bedürfnisse zu verdrängen. Aus Angst, es könnte jemandem nicht gefallen.

Frei und glücklich sein und auf alles verzichten zu können, was unserer Freiheit und unserem Glück im Wege steht: Das ist es, was Gescheite von allen unterscheidet, die von anderen abhängig sind, weil sie nicht die Fähigkeit besitzen, sie selbst zu sein.

Das ist die erste Übung, um diese unbezahlbaren Fähigkeiten kennen zu lernen, ehe Sie sie an jedem weiteren Tag trainieren, bis sie Ihnen eines Tages zur selbstverständlichen Gewohnheit geworden sind: Halten Sie inne und lassen Sie alles los, was für andere wichtig ist. Machen Sie sich auf die Suche nach sich selbst. Hier ist eine Technik des Innehaltens in fünf Schritten aus der »Egoisten-Bibel«:

*Erster Schritt:*

Entscheiden Sie sich für einen Zeitpunkt, zu dem Sie ohne großen Aufwand mit sich allein sein können. Manche, die diese Technik erfolgreich praktizieren, wählen die Zeit nach dem Aufwachen, andere ziehen die Minuten vor dem Einschlafen vor.

Lassen Sie als Ihr Trainer keine noch so einleuchtende Ausrede zu. Wenn Sie sich dafür entschieden haben, dass für Sie nichts wichtiger ist als Sie selbst, sollten Sie bereit sein, für diese kurze Zeit auf alles andere zu verzichten.

*Zweiter Schritt:*

Schließen Sie die Augen und entspannen Sie sich mit einem ruhigen tiefen Atemzug. Atmen Sie durch die Nase ein, und verfolgen Sie in Ihren Gedanken, wie der Atem durch Ihren Körper von der Nase bis zum Nabel strömt.

Halten Sie einen kleinen Augenblick inne und stellen Sie sich vor, wie sich die Umgebung Ihres Nabels durch den Atem mit Wärme und Ruhe füllt.

*Dritter Schritt:*

Atmen Sie jetzt langsam, lange und ruhig aus, während Sie sich vorstellen, wie die Ruhe sich in Ihrem ganzen Körper ausbreitet. Sie strömt hinunter in die Beine und hinauf durch den Körper bis in den Kopf.

*Vierter Schritt:*

Machen Sie einen zweiten und dritten Atemzug auf die gleiche Weise. Achten Sie dabei auf Ihre Gedanken. Ehe diese Art des Entspannens und Loslassens für Sie zur Routine geworden ist, werden Sie Störungen und Widerstände feststellen. Wie bei allem im Leben, das nicht dem gewohnten Verhalten entspricht.

Lassen Sie alle Gedanken an sich vorbeiziehen, die Ihre Ruhe stören. Ersetzen Sie sie durch die Vorstellung, dass Sie sich jetzt allein auf einer Insel befinden, auf der Sie nichts und niemand stören kann.

Atmen Sie ruhig weiter. Erwarten Sie nichts Außergewöhnliches. Was Sie tun, ist außergewöhnlich genug: Sie machen den ersten Trainingsschritt zur Fähigkeit, ein freier, glücklicher Mensch zu sein.

Was Sie mit dieser täglichen kleinen Übung lernen, ist nichts anderes, als sich für einige Zeit aus allen Abhängigkeiten zu befreien, um sich auf die Suche nach sich selbst zu machen.

Genießen Sie diese Minuten so lange, wie Sie es für richtig finden.

*Fünfter Schritt:*

Kommen Sie zurück von Ihrer Insel in die Realität des Alltags. Atmen Sie kräftig aus und öffnen Sie die Augen.

Und beschließen Sie, diese Übung von jetzt an täglich zu trainieren.

## 3
## Ersetzen Sie den blinden Respekt vor anderen durch den Respekt vor sich selbst. Beginnen Sie den Dialog mit sich

Unsere lebenslangen Trainer werden nicht müde, uns Respekt einzuflößen. Die Botschaft lautet: »Wir wissen alles, Du weißt nichts. Wir sagen Dir, was für Dich richtig ist. Tue es, sonst wirst Du bestraft oder ausgeschlossen.«

Kaum etwas zeigt diese Bevormundung so deutlich, wie der kleine, gesetzlich verpflichtete Zusatz bei der Werbung bestimmter Produkte im Fernsehen, die mit der Aufforderung enden: »… fragen Sie Ihren Arzt oder Apotheker.« Oder der zwingend vorgeschriebene Vermerk auf Zigarettenpackungen, dass das Rauchen Krebs verursachen kann.

Tag für Tag hören und lesen wir diese Botschaften. Und was suggerieren sie uns? Sie suggerieren uns, dass wir unfähig sind, selbst für uns zu denken. In der deutschen Wehrmacht pflegten Vorgesetzte vorlaute Meinungsäußerungen von Rekruten rüde mit dem Hinweis zu unterdrücken: »Überlassen Sie das Denken lieber den Pferden, die haben dafür die größeren Köpfe.«

Das war damals, in einer Zeit, von der man meinen sollte, sie sei längst vorbei. Sie ist es nicht, ganz im Gegenteil. Als 15 Länder sich in der Europäischen Union zusammenschlossen, kam alles noch viel schlimmer. Die Schlauen in der Verwaltungszentrale von Brüssel legten die Beschaffenheit von Gurken, Kartoffeln und Würsten und die Länge der Präservative für die Menschen zwischen Kiel und Palermo fest. Um nur die lächerlichsten aller Bevormundungen zu nennen.

Aber so lächerlich das alles erscheinen mag: Die Dummen befolgen sie. Denn das Prinzip der Schlauen zur Manipulation der Dummen lautet – wie Sie wissen: »Wenn Du den Menschen die größte Lüge lange und eindringlich genug einredest, werden sie es eines Tages für die Wahrheit halten und das tun, was Du von ihnen erwartest.«

Ist es für Sie völlig unvernünftig, wenn die Gescheiten sich auf ihren gesunden Egoismus besinnen und irgendwann einmal beschließen: »Ich weiß selber, wer ich bin und was ich will, damit mir niemand einreden kann, wer ich sein soll, nur weil er es so will«?

Wer bin ich wirklich?

Mit diesen vier Worten beginnt die Suche nach uns selbst. Schon die Entscheidung, sich immer wieder diese einfache Frage zu stellen und eine eigene Antwort darauf zu finden, ist der Beginn eines völlig neuen Ich-Gefühls.

Sie fragen nicht mehr Ihre Trainer, wer und wie Sie sein sollen, was Sie sagen dürfen und kaufen müssen, was Sie tun dürfen und was Sie verdrängen müssen. Sie fangen an, auf sich selbst zu hören, und respektieren die Antwort, die Ihr Ich Ihnen gibt.

Vorausgesetzt natürlich, Sie nehmen sich genügend Zeit für diesen Dialog mit sich.

Wer sind Sie wirklich?

- Sind Sie der, zu dem Ihre Eltern und Lehrer, Chefs und Kollegen, Ihr Geld und Ihre Schulden, Ihr Gehorsam und Ihre Pflichterfüllung Sie gemacht haben?
- Sind Sie wirklich der, den Sie anderen vorspielen, um zu verbergen, wer Sie wirklich sind, wenn Sie mit Ihren Gedanken, Sehnsüchten und Selbstvorwürfen nachts wach im Bett liegen?
- Sind Sie der wissende Vater, die sorgende Mutter, der tolle Kerl, den Sie anderen vorspielen? Oder spielen Sie die Rolle nur, damit niemand merkt, wie sehr Sie in Wahrheit an sich zweifeln?
- Wie groß ist die Kluft – einmal ganz ehrlich – zwischen Ihrem wahren Ich und der Ich-Rolle, von der Sie meinen, dass sie von Ihnen erwartet wird?

Erweisen Sie sich selbst den Respekt, niemand anderem die Entscheidung zu überlassen, ob Sie ein guter oder schlechter Mensch sind und wie Sie sein sollen – oder nicht. Finden Sie ganz einfach selbst heraus, wer Sie tatsächlich sind hinter der Fassade, die Sie zwischen sich und den anderen aufgerichtet haben.

Finden Sie es heraus, ohne sich für irgendetwas zu rechtfertigen. Lassen Sie die Maßstäbe los, die Ihre Trainer Ihnen ein Leben lang eingeredet haben. Wie Sie sein sollen, damit Sie bewundert, beachtet oder gelobt werden.

Setzen Sie sich an einen ruhigen Ort. Nehmen Sie sich Zeit für sich. Machen Sie es sich bequem. Schließen Sie die Augen. Schalten Sie ab. Machen Sie ein paar ruhige Atemzüge. Sie wissen ja: Einatmen bis zum Nabel, Ruhe und Wärme, und langsam ausatmen.

Und wenn Sie auf Ihrer Insel liegen, auf der Sie niemand stören kann: Beginnen Sie den Dialog mit sich. Beginnen Sie mit der Frage: »Wer bin ich wirklich?«

Lassen Sie sich nicht auf vorgefasste Antworten ein. Oder auf Antworten, mit denen Sie sich vor Ihren Trainern rechtfertigen würden. Sie brauchen sich vor niemandem zu rechtfertigen, weil Sie Ihr eigener Trainer, Ihr eigener Chef, Meister und Guru sind.

Die Gescheiten sagen: »Alle anderen kannst Du belügen. Nur niemals Dich selbst.«

## 4
## Ehe Sie in Ihrem Leben die Richtung ändern, müssen Sie wissen, wo Sie jetzt stehen. Sonst kommen Sie vielleicht niemals ans Ziel

Diese erste Übung des »Egoisten-Trainings« – das sollten Sie nicht aus den Augen verlieren – ist eine Bestandsaufnahme des Zustands, in dem Sie sich gerade jetzt in Ihrem Leben befinden. Wenn Sie nicht wissen, wo Sie heute stehen, können Sie auch nicht die Richtung bestimmen, in die Sie gehen müssen, um Ihr Ziel zu finden.

- Wenn Sie nicht wissen, wer Sie wirklich sind, werden Sie vermutlich das falsche Haus bauen, den falschen Partner suchen, vielleicht auch den falschen Beruf ausüben.
- Wenn Sie das falsche Haus gebaut, den falschen Partner ausgewählt oder den falschen Beruf ergriffen haben, weil Sie nicht wirklich wussten, wer Sie sind und was Sie von Ihrem Leben erwarten können – befinden Sie sich auf einem falschen Weg.
- Wenn Sie sich auf dem falschen Weg befinden, haben Sie zwei Möglichkeiten: Entweder Sie finden sich damit ab und kommen nie ans Ziel. Oder Sie bekennen es ein und machen sich auf die Suche nach Ihrem richtigen Weg.

Natürlich kann das bedeuten, dass Sie sich von Ihrem Job, Ihrem Partner oder Ihrem falschen Haus trennen, um der zu werden, der Sie in Ihren verdrängten Sehnsüchten immer schon sein wollten.

Sie werden auf der Suche nach Ihrem wirklichen Ich irgendwann einmal den Punkt erreichen, an dem es Ihnen nicht erspart bleibt, eine Entscheidung zu fällen. Die Entscheidung:

- Gebe ich mich mit dem Leben zufrieden, das ich jetzt lebe? Auch wenn es nicht das Leben ist, das meinem wirklichen Ich, meinen wirklichen Träumen, Wünschen und Bedürfnissen entspricht?
- Oder finde ich heraus, wer ich wirklich bin, was ich wirklich will, und trainiere die Fähigkeiten, die erforderlich sind, um nach meinen eigenen Vorstellungen und Maßstäben leben zu können?

Wenn Sie sich dafür entscheiden, alles so zu belassen, wie es ist, obwohl Sie erkannt haben, dass es Sie nicht befriedigt, muss diese Entscheidung keinesfalls falsch sein.

Wichtig ist, dass Sie sich bewusst gemacht haben, wo Sie stehen und was Sie tun wollen. Es ist mit Bestimmtheit besser, sich bewusst zur Klasse der Dummen oder der Schlauen zu bekennen, als sich bloß einzureden, man gehöre zur Klasse der Gescheiten.

Es kann auch sein, dass Sie im Dialog mit sich selbst erkennen, dass Sie nicht der sind, der Sie sein möchten. Aber Sie fühlen sich nicht stark genug, daran etwas zu ändern.

Oder, um es deutlicher zu sagen: Sie zweifeln an sich selbst und Ihren Fähigkeiten, das Leben zu führen, das Sie führen möchten. Nun, das ist eine Frage des Glaubens.

Vielleicht ermuntert es Sie, ein wenig mehr darüber nachzudenken, wenn Sie einige Auszüge aus einem Kapitel der »Egoisten-Bibel« lesen, das den Titel trägt: »Der Glaube an sich selbst«. Dort heißt es:

- Du bist so, wie Du denkst. Du wirst so, wie Du immer wieder denkst. Deshalb ist Dein Denken der Anfang Deines Glaubens.
- Du glaubst an Dich mehr als an irgendjemand anderen.
- Du weißt, was Du willst. Du glaubst daran, dass Du es erreichst, weil Du nicht aufhörst, es Dir in Deinem Denken vorzustellen.
- Der Glaube ist die Kraft, die Dich weiterbringt. Der Zweifel ist die Kraft, die Dich zurückhält.
- Dein Denken führt zum Glauben, damit er Dir die Kraft verleiht, Dinge zu tun, an denen das Denken zweifelt. Der Glaube ist der Schritt vom Vorstellbaren zum Erreichen des Unvorstellbaren. Vorausgesetzt, Du handelst richtig.
- Woran Du nicht glaubst, das kannst Du auch nicht erreichen. Was Du Dir nicht vorstellen kannst, daran musst Du glauben.

Zugegeben, solche Erkenntnisse der Gescheiten sind das Ergebnis eines langen Weges aus der Bevormundung zur Freiheit des gesunden Egoismus. Nicht jeder wird sie verstehen, der gerade angefangen hat, über sich nachzudenken. Aber vielleicht ermuntert Sie die eine oder andere Anmerkung, die Kraft zu entdecken, die in uns allen steckt. Und sie auszuschöpfen. Manche Menschen sind imstande, diese Kraft durch den Glauben an sich selbst zu entfalten. Andere nicht.

Denken Sie einfach ein wenig darüber nach, wenn Sie das nächste Mal in Ihrer stillen Ecke sitzen, ruhig atmen und sich fragen: »Wer bin ich wirklich? Und welche Kräfte ruhen in mir und warten darauf, geweckt zu werden?«

# 5
# Fassen wir zusammen, ehe Sie weiterlesen

Diese erste Übung des »Egoisten-Trainings« ist eine Anregung, sich mehr mit sich selbst zu beschäftigen als mit irgendetwas anderem.

Vielleicht haben Sie die ganze Zeit während des Lesens gedacht: »Richtig, ich sollte mehr an mich selbst denken.« Sie können es bei diesem Selbstbedauern bewenden lassen. Oder Sie können es ändern.

Ändern heißt nicht, dass schon morgen oder übermorgen in Ihrem Leben alles anders ist. Wenn Sie das voll Ungeduld erwarten, sollten Sie erst gar nicht damit beginnen. Das Training verspricht nur dann einen Erfolg, wenn Sie mit kleinen täglichen Schritten beginnen und es mit wachsender Vertrautheit immer weiter steigern.

Ehe Sie sich entspannen und innere Ruhe finden können, müssen Sie sich die Zeit dafür nehmen. Wenn Ihnen die Suche nach sich selbst nicht täglich diese Zeit wert ist, dann sind Sie sich selbst nichts wert.

# Zweite Übung

## Damit sich irgendetwas in Ihrem Leben ändern kann, müssen Sie lernen, die Entscheidungen für Ihr Handeln selbst zu fällen

1. *Viele Ihrer Konflikte beginnen damit, dass Sie nicht selbst entscheiden*
2. *Wenn Sie die großen Entscheidungen gefällt haben, ergeben sich die kleinen Entscheidungen ganz von selbst. Vorausgesetzt natürlich, der Glaube an Sie selbst ist stärker als alle Zweifel*
3. *Erst wenn Sie bereit sind zu verzichten, lernen Sie die Macht des freien Entscheidens kennen*
4. *Hier sind 18 Egoisten-Regeln für das Entscheiden. Vielleicht regen Sie einige davon zum Nachdenken an*
5. *Fassen wir zusammen, ehe Sie weiterlesen*

# 1
# Viele Ihrer Konflikte beginnen damit, dass Sie nicht selbst entscheiden

Unser ganzes denkendes Leben wird von diesen drei Faktoren bestimmt: Wollen, Dürfen und Entscheiden. Von ihnen hängt es ab, ob wir glücklich sind und frei. Oder ob wir es niemals schaffen, uns als der zu erfüllen, der wir wirklich sind.

- Ein Gedanke, ein Wunsch wird in uns wach und drängt danach, erfüllt zu werden.
- Entweder wir erfüllen ihn instinktiv und spontan. Oder er stößt auf zwei Kontrollinstanzen: Die Instanz im eigenen Denken, und die Kontrolle durch die Maßstäbe, mit denen unsere Erzieher uns in vorgegebene Grenzen zwängen.
- Wie entscheide ich mich: Für die Erfüllung des Wunsches? Oder für seine Verdrängung, aus Angst, ich könnte gegen die Regeln der Bevormundung verstoßen?

Wenn wir uns einen Wunsch oder ein Bedürfnis spontan erfüllen, heißt das noch lange nicht, dass uns das Ergebnis glücklich macht. Das Netz der Kontrolle, in das unsere Erziehung uns eingesponnen hat, funktioniert in zweifacher Weise: als Verdränger oder als Schuldgefühl. Wenn wir die erste Instanz überlisten konnten, setzt nach einer verbotenen Handlung die Angst vor Bestrafung ein. Und diese Angst stürzt uns in den Konflikt der Verdrängung, den wir vermeiden wollten.

Das Leben in unserer Gesellschaft ist wie die Fahrt auf der Autobahn, an der Polizisten mit Lasergeräten auf uns lauern.

Der brave, gehorsame, unterwürfige Bürger erwägt erst gar nicht, schneller zu fahren, als es ihm die Warnungen am Straßenrand erlauben. Er ist gewohnt, das zu tun, was von ihm erwartet wird. Er wagt es nicht, die Geschwindigkeit selbst zu bestimmen. Er denkt nur: »Ich tue, was von mir erwartet wird, sonst werde ich bestraft.«

Vermutlich ist Ihnen dieser Vergleich noch nie in den Sinn gekommen, aber die ohne Unterlass von Geboten und Verboten eingeschränkte Fahrt im Auto spiegelt die Situation unseres ganzen Lebens wider: Wir möchten, aber wir dürfen nicht, deshalb verdrängen wir unsere Wünsche. Statt entschlossen die Eigenverantwortung für unser Handeln einzufordern.

Jeder von uns hat in sich das Bedürfnis nach einem individuellen Lebensrhythmus. Aber die Gesellschaft zwingt uns ohne Unterlass, ihn zu unterdrücken und uns anzupassen. Ist es erstaunlich, dass aus dieser permanenten Selbstverleugnung alle die Konflikte und Aggressionen entstehen, die uns so sehr zu schaffen machen?

Haben Sie sich schon einmal gefragt, wie sehr Sie diesem Prozess von Wollen und Dürfen und den Folgen Ihrer Entscheidung unterliegen?

- Was geschieht, wenn Sie sich einem Verbot unterwerfen, obwohl Sie genau das tun möchten, was verboten ist?
- Wie geht es Ihnen, wenn Sie ein Tabu der Gruppe, in der Sie leben, gebrochen haben? Quälen Sie Schuldgefühle? Oder spielen Sie die Schuldgefühle als Aggressionen aus, indem Sie andere erniedrigen, um von sich abzulenken?
- Wie verhalten Sie sich, wenn Sie etwas Verbotenes getan haben und Sie werden erwischt? Sind Sie erleichtert, weil Sie die Strafe als verdiente Sühne empfinden? Eine Lösung, die Sie noch immer leichter ertragen können, als die Qual des versteckten Schuldgefühls? Oder projizieren Sie die Aggression gegen sich selbst auf die Leute, von denen Sie sich beim Übertreten eines Verbots erwischen ließen?

»Die Aggression gegen mich selbst?«, fragen Sie jetzt vielleicht. Ja, gegen Sie selbst. Denn es besteht kein Zweifel, dass jede Aggression gegen andere eine Projektion der Aggression gegen sich selbst ist. Um es noch einmal zu unterstreichen: Aggressionen dienen dazu, andere zu erniedrigen – wie Sie beobachten werden, sind es meistens Schwächere –, um uns selbst damit zu erhöhen.

Wie also verhalten Sie sich in diesem Geflecht von Wollen und Dürfen und der Entscheidung, zu verdrängen oder zu handeln? Die Bedeutung des Entscheidens in unserem Leben zu verstehen, ist die Voraussetzung dafür, damit nach eigenem Ermessen umgehen zu können.

Haben wir überhaupt noch eine Chance, frei nach eigenen Vorstellungen zu entscheiden, in diesem Geflecht der Vorschriften und der immer dichter werdenden Überwachung? Und wenn ja, worin besteht diese Chance?

Natürlich haben wir diese Chance. Sie besteht allerdings nur für jemanden, der sich aus der Bevormundung befreit und sich sein eigenes Lebensbild schafft. Oder, um es in der Sprache der Egoisten zu sagen:

- Du bist Du und niemand anderer. Für Dich gelten Deine Wünsche, Bedürfnisse und Maßstäbe und nicht die Maßstäbe anderer.
- Du bist der Mittelpunkt Deines Lebens und bestimmst, was für Dich richtig ist. Wenn Du es nicht tust, reden es Dir andere ein, und Du lebst nicht mehr Dein Leben. Du weißt, was Du willst, und tust es.
- Du trägst die Verantwortung für Dich und alles, was Du tust. Du bist für niemand anderen verantwortlich.
- Dein Ziel ist es, an jedem Tag Deines Lebens aus eigener Kraft so frei und glücklich zu sein, wie es Dir an diesem Tag möglich ist.

Vielleicht fragen Sie jetzt ein wenig erstaunt: »Und was sollen alle diese Bekenntnisse daran ändern, dass ich nicht tun kann, was ich tun möchte, weil ich es nicht darf?« Ganz einfach: Wenn Sie wissen, wer Sie wirklich sind und sich auf das beschränken, was Sie wirklich brauchen, um frei und glücklich zu sein, brauchen Sie sich nicht mehr den Maßstäben anderer unterzuordnen.

Anders gesagt: Wenn Sie, statt im Auto auf der Autobahn zu fahren, zu Fuß einen Waldweg entlangwandern, brauchen Sie weder die Laserfallen noch eine Bestrafung oder die Qualen des Schuldgefühls zu fürchten.

Konflikte entstehen schließlich aus den Folgen, wenn wir etwas anderes wollen oder tun, als wir dürfen. Was wir dürfen, haben unsere Bevormunder über unsere Köpfe und individuellen Bedürfnisse hinweg festgelegt. Wenn wir sie als die Trainer unseres Verhaltens entlassen, um unser eigener Trainer zu werden – ist niemand mehr da, dessen Strafe wir fürchten müssten. Der Konflikt zwischen Wollen und Dürfen hat keine Nahrung mehr. Wir können nach eigenem Ermessen entscheiden.

Wenn wir die Maßstäbe unserer Bevormunder durch eigene Maßstäbe ersetzen, wenn wir selbst für uns denken, statt andere für uns denken zu lassen, übernehmen wir für das, was wir tun, auch selbst die Verantwortung. Wir befreien uns von der Angst, von anderen kritisiert, nicht gelobt oder bestraft zu werden.

Vermutlich sind solche Schlussfolgerungen für Sie völlig ungewohnt. Zumindest bis jetzt. Aber vergessen Sie nicht, dass die Freiheit der Egoisten darin besteht, dass sie ohne den geringsten Zweifel nach ihrem Bekenntnis leben: »Glaube keinem, nur Dir selbst.« Die Voraussetzung dafür ist die Fähigkeit, auf das alles leichten Herzens verzichten zu können, was unserer Freiheit und unserem Glück im Wege steht.

Wenn das so einfach wäre, wie es klingt, gäbe es mehr Egoisten und weniger Dumme, die von Schlauen manipuliert werden. Aber die Möglichkeit, dass dies eintritt, ist – wie die Entwicklung unserer Gesellschaft zeigt – höchst unwahrscheinlich.

## 2
## Wenn Sie die großen Entscheidungen gefällt haben, ergeben sich die kleinen Entscheidungen ganz von selbst. Vorausgesetzt natürlich, der Glaube an Sie selbst ist stärker als alle Zweifel

Alles Leben ist Entscheiden. Vom Aufwachen am Morgen bis zum Schlafengehen: Wir sind ständig damit konfrontiert, uns zu entscheiden, uns vor schwierigen Entscheidungen zu drücken oder die Folgen falscher Entscheidungen zu reparieren.

Manche dieser Entscheidungen überfallen uns unerwartet, andere werden uns von den Schlauen als Fallen gestellt. Ganz zu schweigen von den Entscheidungen, die andere Leute, ohne uns zu fragen, in unserem Namen fällen. Unter dem Vorwand, unser Bestes zu wollen.

Wie stellen Sie sich diesen Situationen? Welche Schutzmaßnahmen besitzen Sie? Was tun Sie, um dafür zu sorgen, dass bei allen diesen Hunderten kleinen und großen täglichen Entscheidungen Ihr eigener Vorteil gewahrt bleibt?

Besitzen Sie ein Instrument, mit dem Sie sofort und mit größtmöglicher Sicherheit sagen können: »Ja« oder »Nein«?

Die Kaste der Schlauen stellt allen, die nicht selbst für sich denken und entscheiden wollen, ganze Kataloge vorgefertigter Urteils-Grundlagen zur Verfügung:

- Ein gläubiger Katholik etwa besitzt eindeutige Maßstäbe, die für ihn bindend sind. Er glaubt an einen einzigen Gott, der ihm von der Kirche definiert wird. Er weiß, dass er Vater und Mutter ehren muss, nicht Unkeuschheit treiben und nicht die Frau eines anderen begehren darf.
- Der Politiker im Parlament weiß, was seine Partei von ihm erwartet. Bei Abstimmungen braucht er nicht erst darüber nachzudenken, was er persönlich möchte: Die Partei sagt es ihm, und er wird gehorchen.

Natürlich liefert uns die Schönheits-Industrie genaue Maßstäbe, was schön und hässlich ist, die Kunst-Industrie schreibt uns vor, was Kunst ist, und sie bestimmt auch, wie reich man sein muss, um sie sich leisten zu können. Und so weiter und so fort.

Dies heißt: Die Kriterien des Entscheidens sind in großer Vielfalt vorhanden. Jeder, der nicht selbst denken will, der keinen eigenen Geschmack besitzt und Bevormundung braucht, kann sich reichlich bedienen. Er wird den Zehn Geboten gehorchen und den Schönheits-Idealen, er wird seinen Körper kasteien, um schlank zu sein.

Aber wird er auch frei und glücklich sein, wenn seine Entscheidungen nicht von ihm selbst nach seinen ganz persönlichen Bedürfnissen festgelegt sind, sondern nach den Regeln der Massen-Manipulation?

Es gibt zwei Arten von Entscheidungs-Hilfen, die wir im täglichen Gebrauch in Anspruch nehmen können:

- Die Maßstäbe, die andere für uns festgelegt haben und an die man sich klammert, weil man in sich selbst keinen Halt für sein Verhalten besitzt.
- Die Maßstäbe, die wir im Einklang mit uns selbst zu unserem ganz persönlichen Gebrauch beschlossen haben.

Der Nachteil fremder Maßstäbe besteht darin, dass sie uns unweigerlich in Konflikte stürzen, wenn wir nicht rückhaltlos an sie glauben. Schon der geringste Zweifel an der Richtigkeit solcher Maßstäbe stürzt uns in den bekannten Wollen-Dürfen-Konflikt. Sich den Maßstäben anderer zu unterwerfen, bedeutet schließlich immer, abhängig zu sein.

Ein gläubiger Katholik liebt die Frau seines Freundes und steht vor dem Verbot: Das darfst Du nicht. Wenn er nun aber nicht anders kann und vielleicht auch noch mit ihr eine intime Beziehung eingeht, wird er sehr viel Zeit und Energie aufwenden müssen, um die Sache wieder in Ordnung zu bringen. Selbst wenn er eine formale Lösung findet, die Schuldgefühle werden noch lang die Begleiter seiner Albträume sein.

Vielleicht erscheint Ihnen dieses Beispiel ein wenig albern in einer Zeit, in der wir angeblich alle so freizügig sind, im Wohlstand leben und nichts unserem Glück im Wege steht. Aber ist das alles wirklich so niedlich, wie wir es uns einzureden versuchen?

Vor allem: Wie gehen Sie damit um?

Wie lautet Ihr ganz persönlicher Maßstab, den Sie jederzeit zu Rate ziehen können, wenn eine Entscheidung ansteht:

- Wer hat ihn für Sie festgelegt – oder haben Sie selbst ihn sich erarbeitet?
- Orientiert sich dieser Maßstab vorwiegend nach den so genannten allgemeinen Bedürfnissen, vielleicht auch an dem angeblichen sozialen Wohl – oder beurteilen Sie die Dinge ausschließlich nach Ihrem eigenen Vorteil?
- Haben Sie Schuldgefühle, wenn Ihr Maßstab Ihnen vorschreibt, dass Sie auf andere Rücksicht nehmen sollten – aber bei der tatsächlichen Entscheidung folgen Sie doch dem eigenen Interesse?
- Warum heucheln Sie dann aber das Allgemeinwohl, das soziale Gewissen, den rücksichtsvollen Menschen, wenn Sie schließlich doch egoistisch handeln?

Maßstäbe des angeblichen Allgemeininteresses stehen dem eigenen Hausverstand gegenüber, der uns an das erinnert, was wir alle als natürlichen Überlebensinstinkt in uns haben. Er signalisiert uns: Zuerst ich. Dann erst die anderen.

Vielleicht bereitet es Ihnen ein wenig Mühe, sich dieser Behauptung anzuschließen. Vor allem, wenn Sie zur Kaste der Schlauen gehören. Dann leben Sie schließlich davon, anderen einzureden, dass das, was Sie ihnen verkaufen wollen, das einzig Wahre, das einzig Seligmachende ist, an das sie für alle Zeiten bedingungslos glauben sollen.

Diese zweite Übung im »Egoisten-Training« ermuntert Sie dazu, eine Entscheidung zu fällen. Die Entscheidung zwischen den zwei Möglichkeiten:

- Folge ich den vorgegebenen Maßstäben anderer, für den Preis der Abhängigkeit und des unvermeidlichen ständigen Konflikts zwischen meinen eigenen Wünschen und dem, was mir erlaubt wird?
- Oder finde ich meine eigenen Maßstäbe und entscheide mich dafür? Die Maßstäbe, die meinen persönlichen Möglichkeiten, Fähigkeiten, Wünschen und Bedürfnissen entsprechen?

Auch wenn es pathetisch klingen mag, aber es könnte auch heißen: Finden Sie die Maßstäbe, an die Sie bedingungslos glauben können, weil sie eine Einheit herstellen zwischen dem, was Sie wollen, und dem, was Sie sich selbst erlauben und wofür Sie sich verantwortlich fühlen.

Wenn Sie Ihre eigenen Maßstäbe gefunden und sich dafür entschieden haben, besitzen Sie das Instrument, mit dem Sie alle Entscheidungen ohne Zögern fällen können. Vorausgesetzt, Sie zweifeln nicht an dem, was Sie für sich festgelegt haben.

Der unverwechselbare Vorteil im Leben des Egoisten besteht darin, dass sein oberstes Kriterium für jede Entscheidung lautet: »Zuerst ich, dann die anderen.« Das ist seine Entscheidung, sein Glaube und sein Bekenntnis. Er mag irren, eine Niederlage erleiden oder sich unbeliebt machen – er verantwortet es selbst.

Jede kleine Entscheidung ergibt sich aus dieser großen Entscheidung. Der Egoist braucht keinen Augenblick zu zögern, wenn er bekennt: »Ich liebe mich selbst mehr als irgendjemand anderen.« Er hat keine Schuldgefühle, wenn er keinen Zweifel darüber lässt: »Ich glaube an nichts und niemanden mehr als an mich selbst.«

Was den Egoisten dadurch so frei macht, ist, dass er sich zu sich selbst bekennt, statt den uns allen eigenen Egoismus zu leugnen und zu verdrängen.

Nehmen Sie sich genügend Zeit, um über diese Zusammenhänge nachzudenken. Denn am Ende dieser Übung sollten Sie – wenn dieses Programm für Sie überhaupt einen praktischen Sinn haben soll – eine Entscheidung fällen. Eine ganz persönliche Entscheidung, die vielleicht Ihr ganzes Leben verändern wird. Oder auch nicht.

Sie sind Ihr Trainer. Sie allein bestimmen, wie Sie leben wollen. Sie tragen auch die Verantwortung dafür.

## 3
## Erst wenn Sie bereit sind zu verzichten, lernen Sie die Macht des freien Entscheidens kennen

Um es vorweg zu sagen: Es gibt keine Freiheit ohne Verzicht. Wenn Sie nicht wissen, worauf Sie verzichten müssen, um das haben zu können, was Sie haben wollen, werden Sie immer von der Unfähigkeit abhängig sein, Entscheidungen zu fällen.

Vielleicht denken Sie, dass ein Kompromiss auch eine Entscheidung sei. Für einen Dummen vielleicht, aber nicht für jemanden, der aus eigener Kraft frei und glücklich sein möchte.

Es gibt keinen Kompromiss mit Freiheit und Glück. Es gibt nur Ausreden dafür, warum man es nicht ist. Stellen Sie sich doch jetzt gleich einmal selbst die Frage: »Bin ich frei und glücklich?«, und achten Sie darauf, welche Antwort Ihnen spontan dazu einfällt.

Sagen Sie sofort und eindeutig »Ja«? Oder »Nein«? Oder fallen Ihnen sofort Argumente dafür ein, warum Sie es gar nicht sein können? Und nach einer Weile werden Sie bei einem Kompromiss angelangt sein, wie:

- Ich bin zwar nicht wirklich glücklich, aber unglücklich bin ich eigentlich auch nicht.
- Allein wäre ich vielleicht wunschlos glücklich, aber wenn man die Verantwortung für andere hat …

Mein Glück hängt schließlich nicht nur von mir allein ab.
- Mein größtes Glück ist, wenn ich andere glücklich machen kann.

Und wie steht es mit der Freiheit?
- Ich bin so frei, wie andere es zulassen.
- Meine Freiheit hört auf, wo die Freiheit des anderen beginnt.
- Niemand kann tun, was er will, wo kämen wir denn da hin? Es gibt doch schon genug Rücksichtslosigkeit in der Welt.

Und wie die ausweichenden Begründungen der guten Menschen noch lauten mögen. Alle diese Überlegungen zeigen sehr deutlich, wie die Kompromiss-Formel lautet: »Ich möchte ja, aber ich kann doch nicht.« Das Ergebnis ist die Unfähigkeit zu der Entscheidung: »Ich weiß, wie ich leben will, und dafür verzichte ich auf das, was mir weniger wichtig ist als meine Freiheit und mein Glück.«

Letzten Endes ist es die Entscheidung: »Zuerst ich, dann die anderen.« Oder: »Ich glaube an mich selbst mehr als an irgendjemand anderen.« Und: »Ich liebe mich selbst mehr als irgendjemand anderen.«

Wer zu diesen Maßstäben keinen Kompromiss zulässt, wird immer genau wissen, wie er sich ohne Zweifel und Schuldgefühle entscheiden will:
- Der eigene Vorteil ist ihm wichtiger als der Vorteil

anderer. Er verzichtet auf das Prädikat der Selbstlosigkeit.

- Wenn ihn jemand mit Liebesentzug zu erpressen versucht, wird es nicht gelingen. Denn wer sich selbst liebt, ist frei von der Angst, von jemandem nicht geliebt zu werden. Und wer keine Angst hat, kann nicht erpresst werden. Er verzichtet gelassen auf das, womit man ihn erpressen möchte.
- Wenn ihm jemand einen Job mit größerem Verdienst, aber weniger Freiheit anbietet, gibt es für ihn kein Zögern, wofür er sich entscheidet.
- Das Argument »Mit dieser Entscheidung wirst Du Dich bei vielen Leuten unbeliebt machen«, wird nicht ankommen, weil jemand, der selbst weiß, was er will, auf die Anerkennung anderer leicht verzichten kann. Noch dazu für den Preis der Unterwerfung.
- Auch Drohungen wie: »Ich verlasse Dich« oder »Ich entlasse Sie« werden jemandem keine Angst einjagen können, der an sich selbst mehr glaubt als an irgendjemand anderen und dadurch unabhängig ist.

Wer es nicht zulässt, dass andere ihm die Freiheit schenken oder gewähren, sondern sich selbst frei gemacht hat von allen Abhängigkeiten, dem kann niemand die Freiheit geben oder nehmen. Verstehen Sie, was damit gemeint ist?

Es bedeutet, um ein ziemlich extremes Beispiel aus der »Egoisten-Bibel« sinngemäß wiederzugeben: Wer in seinem Kopf frei ist, dem kann man seine Freiheit nicht nehmen, indem man ihn in ein Gefängnis sperrt.

Die Macht des Verzichtens!

Vermutlich stört Sie der Ausdruck »Macht«. Wir haben gelernt, mit Macht fast ausschließlich Gewalt zu assoziieren. Aber könnte es nicht sein, dass jede Macht, und sei sie noch so gewaltsam, an der Fähigkeit des Verzichtens scheitern muss?

Vorausgesetzt, Sie sind bereit, sich kompromisslos für den Verzicht zu entscheiden. Wer sollte Sie mit dem Tod bedrohen oder erpressen können, wenn Sie sagen: »Wenn die Zeit zu sterben gekommen ist, dann bin ich jetzt dazu bereit?«

Natürlich sind wir nicht an jedem Tag mit Entscheidungen auf Leben und Tod konfrontiert. Aber mindestens ein Dutzend Mal ist es die Frage: »Worauf bin ich zu verzichten bereit, um mich nicht selbst verleugnen zu müssen?«

Und was die Macht des Verzichtens betrifft: Haben Sie schon einmal überlegt, welche Demonstration der Macht des Verzichtens es wäre, wenn eine Million Frauen von morgen an darauf verzichten würde, sich die Haare zu färben, das Gesicht zu schminken, die Brust vergrößern zu lassen und dem neuesten Modetrend zu folgen?

Ganze Industrien müssten vor dieser Macht kapitulieren. Aber weil nur die kleine Minderheit der Gescheiten sich dessen bewusst ist, wird sich am Lauf der Welt mit Sicherheit nichts ändern.

Wie Sie inzwischen aber sicherlich bemerkt haben, verwenden die Gescheiten kaum Zeit und Energie, sich um den Lauf der Welt Sorgen zu machen. Sie sind überzeugt, dass sich die Welt nur selbst ändern kann. Vorausgesetzt, sie will es irgendwann einmal.

# 4
# Hier sind 18 Egoisten-Regeln für das Entscheiden. Vielleicht regen Sie einige davon zum Nachdenken an

Erinnern Sie sich an diesen Satz: »Wir sind so, wie wir denken, und wir werden so, wie wir immer wieder denken«?

Was bedeutet dieser Satz? Er bedeutet, dass unser Entscheiden von den Maßstäben, Geboten und Verboten abhängt, die in unserem Denken gespeichert sind. Wir haben sie von unseren Erziehern gelernt. Sie wurden uns mit Autorität und notfalls mit Drohungen eingeprägt, bis wir sie als Wahrheiten angenommen haben.

So haben wir die Maßstäbe unserer Erziehung dafür verinnerlicht, was gut und schlecht, was Kunst und Kitsch, schön und hässlich ist. Wir denken gar nicht mehr selbst darüber nach. Die eingelernten, zur Gewohnheit gewordenen Maßstäbe nehmen uns das selbstständige Denken ab. Unsere Fantasie verkümmert, und mit ihr die Fähigkeit, selbst für uns zu denken.

Es sieht so aus, als wüssten wir ganz genau, was moralisch und unmoralisch, erlaubt und verboten ist. Und danach entscheiden wir. Aber sind es wirklich wir selbst, die entscheiden? Oder entscheiden wir nur so, wie wir es lange genug eingelernt haben?

Sicher ist, dass die Dummen sich vielleicht der Illusion hingeben, frei entscheiden zu können, tatsächlich aber haben sie es nie gelernt.

Oder hat Ihnen irgendwann einmal jemand erklärt, welche Regeln Sie beachten sollten, um eine Entscheidung nach Ihrem eigenen Willen und nicht nach dem Willen Ihrer lebenslangen Trainer fällen zu können?

In der »Egoisten-Bibel« sind 18 Regeln angeführt, die Gescheite beachten, wenn sie eigene Entscheidungen fällen. Hier sind sie:

1. Alles, was Du tust, beginnt bei der Idee, es zu tun. Die beste Idee ist nichts, wenn Du sie nicht verwirklichst. Das gilt auch für die Entscheidung.
2. Wenn Du nicht selbst entscheidest, tun es andere für Dich.
3. Jede richtige Entscheidung hat ein Vorher und ein Nachher. Vorher suchst Du nach der richtigen Antwort auf folgende sieben Fragen:
   - Was spricht dafür?
   - Was spricht dagegen?
   - Was nützt es anderen?
   - Was nützt es Dir?
   - Besitzt Du die Fähigkeiten, die das Verwirklichen Deiner Entscheidung erfordert?
   - Wenn Du die Fähigkeiten noch nicht besitzt – wie kannst Du sie erwerben? Oder ist der Aufwand, verglichen mit dem Ergebnis, zu groß?
   - Wie groß ist das Risiko, und ist es Dir wert, es einzugehen?

4. Wenn Du die Entscheidung mit dem Geist geprüft hast, prüfst Du sie mit Deinem Gefühl. Wenn Du sie mit dem Gefühl geprüft hast, prüfst Du sie mit Deinem Instinkt. Dann prüfst Du, ob die Entscheidung dem Plan für Dein Leben und Deinen Maßstäben entspricht.
5. Wenn Du alles mit Geist, Gefühl und Instinkt und nach Plan und Maßstäben geprüft hast – entscheidest Du ohne Zögern.
6. Du entscheidest für Dich und nicht für andere. Du entscheidest selbst und lässt nicht andere für Dich entscheiden.
7. Wenn eine Entscheidung falsch war, ziehst Du ohne Zögern oder Schuldgefühl die Konsequenz. Es ist besser, einen Fehler rechtzeitig einzusehen, als wider besseres Wissen ins Verderben zu rennen.
8. Wenn Du entschieden hast, zweifelst Du nicht. Du bist eins mit der Entscheidung und konzentrierst Dich ganz auf ihre Verwirklichung.
9. Bevor Du entscheidest, denkst Du. Wenn Du entschieden hast, handelst Du ohne zweifelnde Gedanken. Erfüllt vom Glauben an Dich.
10. Du entscheidest ganz und nicht halbherzig.
11. Es ist besser, falsch zu entscheiden als gar nicht. Denn aus den Fehlern Deines Handelns kannst Du lernen. Wenn Du aus Angst nicht entscheidest, trainierst Du damit die Flucht vor Entscheidungen.
12. Nach der Entscheidung trägst Du die Verantwortung. Es gibt weder eine Entschuldigung, Schuld-Zuweisung oder einen Kompromiss. Eine Entscheidung ist entweder richtig oder sie ist falsch.

13. Den Wert Deiner Entscheidung misst Du an nichts anderem als am Ergebnis. Nur wenn das Ergebnis dem geplanten Ziel entspricht, war die Entscheidung richtig.
14. Du allein entscheidest, wann der richtige Zeitpunkt für eine Entscheidung gekommen ist.
15. Der richtige Zeitpunkt ist gekommen, wenn Du alles weißt, was Du wissen sollst, und der Glaube an den Erfolg stark genug ist, um die Entscheidung erfolgreich zu verwirklichen.
16. Du entscheidest nicht aus Ungeduld, Angst oder wenn andere Dich dazu drängen. Es ist besser, auf etwas zu verzichten, als Dich drängen oder erpressen zu lassen.
17. Das Entscheiden ist ein Schlüssel im manipulativen Spiel des Lebens. Damit Du einen Gegner beeinflussen kannst, entscheidest Du für ihn, noch ehe er selbst es tut. Wenn andere Dich manipulieren wollen, versuchen sie, Dich zu einer Entscheidung zu drängen, noch ehe Du die Folgen bedenken kannst.
18. Du weißt selbst, was Du willst und brauchst. Das sind die Maßstäbe, nach denen Du alle Einflüsse prüfst, ehe Du entscheidest.

## 5
## Fassen wir zusammen, ehe Sie weiterlesen

Die zweite Übung des »Egoisten-Trainings« zeigt Ihnen die Notwendigkeit des Entscheidens auf. Des eindeutigen, konsequenten, selbstverantwortlichen Entscheidens.

Viele unserer schönsten Wünsche und Ideen bleiben nur deshalb unerfüllt, weil wir uns nicht oder nur halbherzig dafür entscheiden.

Die Freiheit der eigenen Entscheidung können Sie nur erlangen, wenn Ihr Glaube an sich selbst stärker ist als alle Zweifel. Es ist das Ziel des »Egoisten-Trainings«, Selbstbewusstsein und Selbstvertrauen im Verlaufe aller sieben Übungen so stark zu machen, dass die Angst, Sie könnten bei der Verwirklichung einer Entscheidung versagen, immer geringer wird.

Versuchen Sie, nach dem Lesen eines Kapitels in diesem Buch, sich entspannt an einen ruhigen Platz zu setzen und sich die »Zeit für mich« zu nehmen.
Schließen Sie die Augen. Machen Sie einige ruhige Atmenzüge. Kommen Sie allmählich zur Ruhe und lassen Sie das, was Sie gelesen haben, noch einmal an Ihrem inneren Auge vorbeiziehen.

Manches mag Sie angesprochen haben, anderes nicht. Prüfen Sie, was Sie für sich verwerten können. Aber weichen Sie selbstkritischen Fragen nicht aus, wenn Sie aus Gewohnheit nach Ausreden suchen, um etwas nicht anzunehmen, von dem Sie genau wissen, dass Sie es doch tun sollten.

## Dritte Übung

# Machen Sie Ihren eigenen Lebensplan, damit Sie alle Ihre Handlungen daran messen können

1. *Die vier wichtigsten Gründe, nicht mehr von den Plänen abhängig zu sein, die andere für Sie machen*
2. *Stellen Sie sich eine Pyramide vor, an der Sie für den Rest Ihres Lebens bauen*
3. *Die 30 kleinen Elemente, aus denen sich der große Lebensbau zusammensetzt*
4. *Wie Sie die Antwort auf alle Fragen Ihres Lebens bei sich selbst finden. Statt sich hilflos den allwissenden Schlauen auszuliefern*
5. *Der beste Plan nützt Ihnen nichts, wenn Sie nicht daran glauben*
6. *Fassen wir zusammen, ehe Sie weiterlesen*

# 1
# Die vier wichtigsten Gründe, nicht mehr von den Plänen abhängig zu sein, die andere für Sie machen

Erinnern Sie sich noch an diesen Satz in den Anregungen für die zweite Übung dieses Programms: »Wenn Sie Ihre eigenen Maßstäbe gefunden und sich dafür entschieden haben, besitzen Sie das Instrument, mit dem Sie alle Entscheidungen ohne Zögern fällen können«?

Wie weit sind Sie auf dem Weg zurück zu sich selbst inzwischen gekommen? Lesen Sie darüber nur, oder haben Sie schon mit dem praktischen Training begonnen?

Dieses Training mag für Sie ein wenig ungewohnt sein, weil Sie niemand unter Druck setzt. Niemand fordert Rechenschaft von Ihnen. Sie sind nur sich und Ihrem Trainer verantwortlich – und dieser Trainer sind Sie selbst.

Das Training vollzieht sich vorwiegend in Ihrem Denken:

- Wenn Sie am Morgen aufwachen und sich dabei ertappen, wie Sie zuerst an Ihren Job oder den Haushalt denken. Statt an den Dialog mit sich, weil auch an diesem Tag in Ihrem Leben für Sie nichts wichtiger ist als Sie.
- Wenn jemand an Ihre Gefälligkeit appelliert, und Sie sagen »Nein«, weil Sie nicht »Ja« sagen wollen.
- Natürlich wird es Ihnen nicht leicht fallen, sich einmal oder öfter während des Tages die »Zeit für mich« zu

nehmen, um sich auf Ihre Insel zurückzuziehen und für eine Viertelstunde vielleicht alles loszulassen, was »da draußen« so wichtig erscheint. Aber je öfter Sie es schaffen, umso stärker wächst das Vertrauen in Sie selbst.

Vergessen Sie nicht, dass dieses »Egoisten-Training« ein umfassendes Programm für den Rest Ihres Lebens sein kann. Sie haben also Zeit, sich in kleinen Schritten, Tag für Tag, damit vertraut zu machen. Niemand drängt Sie. Sie allein bestimmen Ziel und Zeit und beurteilen selbst Ihre Leistung.

Das »Egoisten-Training« ist ein Training durch Erfahrung. Und zwar durch Ihre eigene Erfahrung mit sich selbst. Es beginnt damit, dass Sie sich jeden Tag die Zeit nehmen, sich selbst Schritt für Schritt immer besser kennen zu lernen.

Wenn Sie sich erst einmal daran gewöhnt haben, auf sich zu hören, statt immer nur auf andere, werden Sie erstaunt feststellen, wie viel Ihr verborgenes, unterdrücktes Ich Ihnen mitzuteilen hat. Unterdrücken Sie es nicht. Nehmen Sie sich ernst. Hören Sie auf sich.

Die ersten beiden Übungen des »Egoisten-Trainings« sollten Sie anregen, sich Zeit für sich zu nehmen, zu erforschen, wer Sie eigentlich hinter der Fassade sind, die Sie vor der Mitwelt aufgerichtet haben. Und Sie sollten sich mit der Entscheidung auseinander setzen: Will ich so leben, wie andere es von mir erwarten, oder will ich lernen und trainieren, das Leben nach meinen eigenen Vorstellungen zu gestalten?

Natürlich ging es auch immer darum, sich ehrlich damit auseinander zu setzen, zu welcher der drei Klassen Sie sich zugehörig fühlen: zur Mehrheit der Dummen, zu den Schlauen oder zur erlesenen Elite der Gescheiten.

Denn Sie wissen ja: Ehe Sie eine Entscheidung für Ihr weiteres Leben fällen, sollten Sie zuerst wissen, wo Sie heute stehen, damit Sie bestimmen können, wohin Sie weiter gehen wollen.

Diese dritte Übung geht davon aus, dass Sie sich dafür entschieden haben, Ihr Leben nach eigenen Vorstellungen zu führen. Vielleicht tun Sie es längst. Oder Sie denken, dass Sie es tun, aber sind nicht ganz sicher, ob es tatsächlich *Ihr* Leben ist.

Um sich darüber Klarheit zu verschaffen, sollten Sie diese drei Fragen beantworten:

- Besitzen Sie einen konkreten Plan für Ihr Leben oder nur eine vage Vorstellung davon, wie Sie wirklich leben wollen?
- Entsprechen Ziel und Maßstäbe für Ihr Leben Ihren eigenen Bedürfnissen und Wünschen, oder sind es vorwiegend Verhaltensregeln, wie Sie sich am besten dem Leben anpassen können, das andere von Ihnen erwarten?
- Wenn Sie einen eigenen Plan besitzen: Befolgen Sie

ihn auch wirklich? Oder scheitert er immer wieder am Konflikt zwischen Wollen und Dürfen?

Ein Plan für unser Leben sollte uns Sicherheit vermitteln statt Schuldgefühle, weil wir es nicht schaffen, ihn zu verwirklichen. Wissen Sie, worin der entscheidende Unterschied besteht zwischen den Plänen, die andere für uns machen, und unserem eigenen Plan? Der Unterschied ist:

- Alle anderen machen Pläne, um uns für ihre Interessen einzuspannen, und messen unser Handeln danach, wie groß der Nutzen für sie ist.
- Unser eigener Plan – oder zumindest das, was Gescheite unter einem eigenen Lebensplan verstehen – beurteilt unser Denken und Handeln danach, wie viel es dazu beiträgt, unsere persönliche Freiheit und unser Glücklichsein zu vergrößern.

Vier Vorteile sind es, die so ein Plan für Sie haben kann:

1. Er bezieht sich auf Ihre eigenen Lebensbedürfnisse und die Vorstellung, die Sie von deren positiver Verwirklichung haben.
2. Er bezieht sich nicht nur auf Teilbereiche Ihres Lebens, sondern auf alle wichtigen Elemente, die das Leben ausmachen: auf Körper und Geist, Gefühl, Intuition und die Nutzung Ihrer Kreativität für die Gestaltung Ihres Lebens.
3. Ihr Plan legt den Rahmen Ihrer Ziele fest, damit Sie das tägliche Handeln daran messen und aus dieser Analyse lernen können.
4. Ihr Plan dient vor allem Ihrem eigenen Vorteil, deshalb zwingt er Sie nicht in starre Prinzipien, für deren

Einhaltung Sie irgendjemandem Rechenschaft geben müssten. Ihr Plan wächst vielmehr mit den eigenen Erfahrungen, die Sie bei seiner Verwirklichung machen.

Was Sie gestern für die beste Lösung hielten, kann sich durch die Erfahrung von heute als falsch erweisen. Als Ihr eigener Trainer können Sie Ihren Plan selbstverantwortlich sofort der neuen Realität anpassen. Damit sind Sie allen anderen einen großen Schritt voraus, die sich die Zustimmung anderer erbitten müssen, ehe sie Pläne ändern.

## 2
## Stellen Sie sich eine Pyramide vor, an der Sie für den Rest Ihres Lebens bauen

Es scheint so, als gäbe es zwei Typen von Menschen in unserer Gesellschaft:

- Den *Pyramiden*-Typ.
- Und den *Schlangen*-Typ.

Über den Pyramiden-Menschen finden wir in der »Egoisten-Bibel« folgende Anmerkung: »Wenn Du für Dein ganzes Leben ein konkretes Ziel und einen Plan hast und Dich um seine Verwirklichung bemühst, kannst Du Dein Leben wie eine Pyramide bauen. Jeder Tag ist ein Stein, den Du auf den anderen legst. Wenn Du bei jeder Entscheidung die ganze Pyramide im Auge hast, stärkst Du mit jedem einzelnen Stein Deine gesamte Persönlichkeit. Du weißt immer, warum Du etwas tust. Das gibt Deinem Leben die Kraft, alle Hindernisse zu bewältigen.«

Und was den Schlangen-Typ betrifft, so heißt es über ihn: »Wenn Du an jedem Tag nur darauf reagierst, was Dir von anderen angeboten wird, dann windest Du Dich wie eine Schlange und baust an der Pyramide anderer, die Deine Fähigkeiten für ihren Vorteil nützen. Und wenn Du Dich eines Tages nach dem Sinn Deines Lebens fragst, wirst Du sagen müssen: ›Ich habe nicht für mich gelebt, sondern nur für andere.‹«

Das ist die Entscheidung, die Ihnen nicht erspart bleibt, falls Sie sie noch nicht gefällt haben: »Will ich ein Schlangen-Typ sein, der immer nur darauf reagiert, was andere von ihm erwarten? Oder baue ich mir meine Pyramide nach den eigenen Vorstellungen?«

Was heißt das: »Ich baue mir meine Lebens-Pyramide nach eigenen Vorstellungen«?

Es heißt, dass ich mir eine breite, solide Basis schaffe, auf die ich mein Leben aufbauen kann. Das Leben, das meinen eigenen Bedürfnissen und Wünschen entspricht und nicht vorwiegend den Vorstellungen meiner Erzieher und der Leute, die mich für ihre Pläne benützen wollen.

Überlegen Sie einmal, wer diese Leute sind, nach deren Musik Sie tanzen: Zuerst sind es die Eltern, dann sind es die Lehrer, die Chefs und alle, von denen Sie sich abhängig gemacht haben.

Es sind die Medien und die Leute von der Werbung, die selbst wieder nach der Pfeife jener tanzen, für die sie Werbung machen. Aber auch die Leute, für die Werbung gemacht wird, sind davon abhängig, ob jemand die Produkte kauft, für die ihre Werbung gemacht wird.

Das ist der Kreislauf der Abhängigkeiten in unserer Gesellschaft, aus dem es kein Entrinnen gibt, wenn Sie nicht zu der Entscheidung bereit sind: »Ich mache nicht mehr mit. Ich steige aus. Ich will ein freier, unabhängiger, mündiger, glücklicher Mensch sein, der sein Leben selbst bestimmt.«

Machen Sie sich aber keine Illusionen: Die Klasse der Dummen wird immer die Mehrheit bleiben. Die Schlauen werden für sie die Pläne machen und davon profitieren. Es sei denn, andere Schlaue jagen ihnen die Kunden ab. Oder die Wähler. Oder die gutgläubigen Anhänger, die jemanden brauchen, der ihnen sagt, was sie denken, glauben und hoffen sollen.

Die Gescheiten werden stets in der Minderheit bleiben. Und wissen Sie warum? Ganz einfach: Weil immer weniger Menschen bereit sind, für sich selbst zu denken, zu entscheiden und an ihrer eigenen Pyramide zu bauen.

Das starke Fundament dieser Pyramide ist in uns selbst. Die Natur hat uns mit allen Fähigkeiten ausgestattet, um als der zu überleben, der wir sind. Jeder von uns hat die Fähigkeit, für sich selbst zu denken. Er mag krank, gelähmt, unterdrückt, eingesperrt oder arbeitslos sein – niemand kann ihm die Möglichkeit nehmen, für sich selbst zu denken und zu entscheiden und eigene Pläne für sein Leben zu machen. Wenn er auf diese Chance verzichtet, ist es seine eigene Entscheidung.

Stellen Sie sich Ihr Leben als eine Pyramide vor: Ganz unten ruht sie breit und solide auf dem Boden der Realität des Lebens. Ganz oben ist die Spitze. Das Ziel, das Sie erreichen wollen. Es existiert nur in Ihrem Denken und Träumen. Ob Sie die Spitze Ihrer Pyramide jemals erreichen werden, hängt davon ab, wie sehr Sie daran glauben, dass Sie es schaffen können.

Was ist das Ziel Ihres Lebens? Wofür arbeiten Sie? Worin besteht für Sie der Sinn der Demütigungen, die Ihre Erzieher Ihnen zufügen, und der Niederlagen, die Sie durchleiden? Als hilfloser Dummer vielleicht, der sich in sein Schicksal fügt, weil er es längst aufgegeben hat, an sich selbst mehr zu glauben als an irgendjemand anderen, der ihm das große Glück verspricht. Sein Versprechen aber niemals einhalten wird. Warum sollte er auch?

Die Pyramide Ihres Lebens, das sollten Sie wissen, können nur Sie selbst für sich bauen. Niemand kann Ihnen dabei helfen. Denn jeder Helfer ist nur an seiner eigenen Pyramide interessiert und nicht an Ihrer.

Vielleicht interessiert es Sie, wie ein gescheiter Egoist Stufe für Stufe ein Leben lang an seiner Pyramide baute:

- Er errichtete zuerst die Ebene der Erkenntnisse über sich selbst. Er klärte: »Wer bin ich wirklich und was will ich als der, der ich bin?«
- Als er wusste, was er wollte, fällte er die Entscheidung: »Was ich erreichen will, kann ich nur als der erreichen, der ich bin. Deshalb bin ich entschlossen, meinen Weg allein zu gehen, weil mir niemand dabei helfen kann.«
- Als er wusste, was er wollte, und sich dafür entschieden hatte, sich durch nichts und niemanden von seinem Ziel abbringen zu lassen, machte er den Plan, wie er sich in kleinen beharrlichen Schritten die Fähigkeiten aneignen wollte, die notwendig waren, um sein Ziel

erreichen zu können. Mit diesem geistigen Rüstzeug ausgestattet, machte er sich für den Rest des Lebens an seinen Pyramidenbau.

Es ist nicht überliefert, ob dieser Egoist – der auch eine Egoistin gewesen sein könnte – jemals den letzten Stein auf die Spitze der Pyramide setzte. Aber ist das für irgendjemand anderen wirklich wichtig, außer für ihn oder sie selbst?

Ehe wir einen eigenen Plan für unser Leben entwickeln können, sollten wir uns schonungslos darüber klar werden, ob wir das wirklich wollen. Manche werden sagen: »Ich bin doch schon zu alt, um mein Leben noch zu ändern.« Andere werden hundert Gründe anführen, warum sie nicht können, was sie möchten. Und sie werden ganz genau wissen, wer daran schuld ist.

Was auch immer: In Ihrem Leben zählen letzten Endes nicht die noch so einleuchtenden Begründungen dafür, warum Sie es anderen opfern. Was wirklich zählt, ist allein das, was Sie erreicht haben, weil Sie es sich irgendwann einmal zum Ziel gesetzt haben.

Und von der Entscheidung führt kein anderer Weg zur Erfüllung als der über einen Plan, der uns daran hindert, das Ziel aus den Augen zu verlieren.

# 3
# Die 30 kleinen Elemente, aus denen sich der große Lebensbau zusammensetzt

Lassen Sie es uns noch einmal ins Gedächtnis rufen: Kein Plan führt Sie ans Ziel, wenn Sie dieses Ziel nicht ganz konkret für sich definiert haben und daran glauben, dass Sie es erreichen werden.

Erst aus der Definition des Ziels für unser Leben ergeben sich die Fähigkeiten, die erforderlich sind, um es erreichen zu können.

Was den überzeugten Egoisten nahezu unbegrenzte Energie verleiht, ist die Klarheit ihrer Zielsetzung: Sie wollen an jedem Tag ihres weiteren Lebens aus eigener Kraft möglichst frei und glücklich sein.

- Es aus eigener Kraft anzustreben bedeutet, dass Sie dazu bereit sind, alle Ihre Kräfte zu mobilisieren, statt sich vorwiegend auf fremde Hilfe zu verlassen.
- An jedem Tag möglichst frei und glücklich zu sein bedeutet, dass Sie sich auf das Hier und Heute konzentrieren, statt sich von den Versprechungen anderer abhängig zu machen und zu hoffen, irgendjemand würde Ihnen irgendwann einmal zum großen Glück verhelfen.
- Frei zu sein bedeutet für Egoisten, eine klare Vorstellung davon zu haben, wie sie leben möchten, was sie dafür tun und worauf sie verzichten wollen. Weil uns kaum etwas anderes – wie wir wissen – so frei macht

wie die Fähigkeit, auf alles leichten Herzens verzichten zu können, was unsere Freiheit zu verhindern versucht.

Einen Plan für sein eigenes Leben selbst zu entwickeln, ist kein geringes Hindernis für jemanden, der sich allein auf den Weg der Selbstbefreiung begibt. Er hat vielleicht – unterstützt von schlauen Trainern – die Gewinn bringende Anlage seines Geldes, den Bau seines Hauses, vielleicht auch die Familienplanung ausgearbeitet, aber wie plant man die Erlangung von Freiheit und Glück, möglichst an jedem Tag?

Die Antwort lautet: Es kann dafür kein allgemeingültiges Rezept geben, weil jeder nur sein ganz persönliches Glück und seine individuellen Vorstellungen von Freiheit auf seine Weise entwickeln muss.

Bei der Suche nach Erfahrungen in der Lebensplanung fortgeschrittener Egoisten zeigte sich allerdings, dass sie sich auf jene fünf Bereiche stützt, die in der »Egoisten-Bibel« als Bücher bezeichnet werden:

- Das Buch des Lebens.
- Das Buch der Techniken.
- Das Buch der Übungen.
- Das Buch der Künste.
- Und das Buch des Weges.

Im »Buch des Lebens« sind 30 Bereiche beschrieben, von denen angenommen wird, dass sie die wichtigsten Erfordernisse des Lebens ansprechen, von denen wir uns klar sein sollten, wie wir damit umgehen wollen.

Vielleicht dient Ihnen diese Liste als Anregung bei Ihrer eigenen Lebensplanung. Um es noch einmal zu betonen: Es soll nicht mehr, aber auch nicht weniger als eine Anregung sein für die Suche nach Ihren ganz persönlichen Zielen und Definitionen.

Hier ist die Liste der 30 Lebensbereiche aus dem »Buch des Lebens«:

1. *Die große Einheit:* Darin wird darauf hingewiesen, wie wichtig es ist, uns in unserer Gesamtheit zu sehen. Als Einheit von Geist und Körper, Gefühl, Intuition und Fantasie. Und dass es das höchste Ziel des Lebens sein könnte, auch den Tod als Teil des Lebens zu erkennen.
2. *Das Leben im Hier und Jetzt:* Jeder Augenblick ist Teil des gesamten Lebens, den wir nützen und nicht leichtfertig vergeuden sollten.
3. *Plan, Tag und Augenblick:* Wer einen großen Plan für sein Leben besitzt, weiß, wie er ihn Tag für Tag in kleinen Schritten erfüllen kann. Weil jede Entscheidung des Lebens in Augenblicken erfolgt, ist er darauf vorbereitet.
4. *Das Ich-Bekenntnis:* In dieser Beschreibung heißt es unter anderem: »Du bist der Mittelpunkt Deines Lebens und bestimmst allein, was für Dich richtig ist. Wenn Du es nicht tust, reden es Dir andere ein, und Du lebst nicht mehr Dein Leben.«
5. *Loslassen und Zulassen:* Eine Ermutigung, sich weder

an Bevormundung noch an die eigenen Ängste zu klammern, weil nichts im Leben sicher ist und wir bereit sein sollten, alles, was uns unfrei macht, jederzeit leichten Herzens loslassen zu können.

6. *Der Glaube an sich selbst:* Hier wird das Egoisten-Bekenntnis definiert und erklärt: »Du glaubst an Dich mehr als an irgendjemand anderen.«
7. *Ordnung und Wertung:* Wer nicht weiß, was für ihn wichtig oder weniger wichtig ist, heißt es hier, wird immer zweifeln, wofür er sich entscheiden soll.
8. *Gesundheit und Krankheit:* Das ist die Entscheidung, täglich alles einem selbst Mögliche zu tun, um gesund zu bleiben, um möglichst wenig von Krankheiten abhängig zu sein.
9. *Geld, Besitz und Überfluss:* Anregungen, mit Geld mehr Geld zu machen, statt für geborgtes Geld bezahlen zu müssen. Allerdings auch die Erkenntnis: »Wenn Geld und Besitz Dir mehr Ärger als Freude machen, fällst Du eine Entscheidung, die Dich frei und glücklich macht.«
10. *Beharrlichkeit und Geduld:* Hier findet sich der Hinweis, dass alles, was wir im Leben erreichen wollen, seine Zeit hat und seine Zeit braucht.
11. *Die Konzentration:* Als die größten Hindernisse der Konzentration werden folgende fünf Faktoren angeführt: Die Unentschlossenheit. Die Angst, etwas zu versäumen. Fehlendes Selbstvertrauen. Die Ungeduld. Und die mangelnde Freude an dem, was wir tun.
12. *Das manipulative Spiel:* Egoisten, wird betont, sehen das Leben nicht als Kampf, sondern als Spiel, für das wir uns vorbereiten sollten, um es möglichst oft zu gewin-

nen. In diesem manipulativen Spiel seien alle unsere Gegner. Auch jene, die uns lieben.

13. *Essen, Trinken und Verdauen:* Das »Buch des Lebens« enthält – wie Sie sehen – auch Hinweise für die Einstellung zum körperlichen Wohlbefinden. Denn nicht selten sind es die kleinen, scheinbar selbstverständlichen Dinge des täglichen Lebens, die Abhängigkeiten schaffen.
14. *Fantasie und Kreativität:* In dieser Rubrik findet sich folgender interessante Hinweis: »Dein Ich, wie es jetzt ist, lebt im Hier und Jetzt. Dein Ich, wie es sein möchte, lebt als Vision in Deiner Fantasie. Deine Kreativität findet den Weg, wie Du die Vision verwirklichst.«
15. *Realität, Vision und Strategie:* In der Realität, heißt es, erfüllt der Egoist die Erfordernisse des Tages. Die Strategie weist ihm den Weg, auf dem er die Vision für sein Leben erfüllen kann.
16. *Ehe und Familie:* Den Sinn von Ehe und Partnerschaft definiert die »Egoisten-Bibel« so: »Du löst zu zweit die Probleme besser, als Du sie allein lösen könntest.« Wenn das nicht gelingt, verliert die Partnerschaft ihren Sinn.

Und hier sind die weiteren vierzehn Themen, die im »Buch des Lebens« behandelt werden:

Liebe, Sex und Befriedigung. Der Umgang mit Schmerz und Tod. Angst, Erpressung und die Bedeutung des Verzichtens. Reden und Schweigen. Kritik, Lob und Rechtfertigung. Suchen, Wissen und Wahrheit. Mitleid und Helfen. Partnerschaft und Verantwortung. Gesellschaft,

Moral und Kultur. Die Medien. Staat, Religion, Parteien, Wettbewerb. Die Kraft des Kosmos. Werden, Wachsen und Vergehen. Überlegungen zum Sinn des Lebens.

Wie Sie sehen, beschäftigt sich diese Lebensplanung der Egoisten sehr eindringlich mit den Themen, die Sie selbst betreffen. Egoisten versuchen, die Bedeutung der Sexualität in ihrem Leben genauso ernsthaft für sich zu klären wie den Umgang mit Geld und Besitz.

Erstaunlich dabei ist, dass sie für alle Themen eigene Antworten suchen. Sie scheinen keine Tabus zu akzeptieren und fragen immer: »Was ist gut für mich?« Statt davon auszugehen, was die Gesellschaft, der Job, Vorgesetzte oder moralische Maßstäbe von ihnen erwarten.

# 4
# Wie Sie die Antwort auf alle Fragen Ihres Lebens bei sich selbst finden. Statt sich hilflos den allwissenden Schlauen auszuliefern

Wenn Sie darangehen, Ihren eigenen Lebensplan zu entwickeln, macht es nur Sinn, wenn Sie sich von allen Plänen und Maßstäben befreien, mit denen andere Leute Ihr Leben bestimmen. Vor allem aber von den Geboten und Verboten, mit denen Ihre Erzieher Sie fütterten.

Natürlich werden Sie bei der Durchführung Ihrer Ziele und Ideen Kompromisse machen und Strategien befolgen müssen. Es ist sehr wahrscheinlich, dass Sie nur einen Teil Ihrer Wünsche erfüllen können. Aber zwei Dinge sollten Sie nicht vergessen:

- Sie haben den Rest Ihres Lebens Zeit, Schritt für Schritt an jedem Tag die Erfüllung zu trainieren.
- Ihr Plan ist eine Vision, die Sie von jenem Ich haben, das Sie sein möchten. Es ist Ihr eigenes Traum-Ich. Es ist die Vorstellung, an die Sie sich klammern können, wenn Sie an sich zweifeln oder nach Orientierung suchen.

Um es wieder einmal zu betonen: Es ist nicht das Ich, zu dem andere Sie machen wollen, weil es deren Vorstellung entspricht. Es ist die Vorstellung über Sie selbst, die sich an Ihren Bedürfnissen orientiert.

Es ist die Suche nach Ihrem wahren Selbst, das Sie nur in Ihrem Inneren finden, statt bei den eilfertigen Helfern, die Ihnen unentwegt einzureden versuchen, wie Sie leben, was Sie kaufen und wie Sie noch mehr Geld verdienen können, um noch mehr davon abhängig zu sein.

Ihren eigenen Plan nach Ihren eigenen Bedürfnissen und Ideen aus sich selbst zu erarbeiten, setzt voraus, dass Sie sich auf die Suche nach sich selbst machen.

Vielleicht interessiert Sie die erste für Sie erstaunliche Erfahrung, die eine Frau auf der Suche nach eigenen Antworten machte:

»Ich gebe zu: Es hat einige Monate gedauert, ehe ich die Ruhe fand, mich täglich wenigstens eine Viertelstunde lang hinzusetzen und mich zu entspannen. Anfangs erschien es mir sogar ein wenig lächerlich, mit mir so etwas wie einen Dialog zu führen. Aber ich ließ nicht locker und übte das Atmen, die innere Ruhe und das Loslassen aller Alltagsprobleme, um auf etwas zu hören, von dem ich keine Ahnung hatte, was es sein könnte.

Eines Tages aber passierte etwas für mich völlig Ungewohntes. Mir kam die Frage in den Sinn: ›Wer bestimmt eigentlich, wann, wie und was Du isst?‹

Das Essen war für mich eine Gewohnheitssache, die ich nie hinterfragt hätte. Ich aß morgens, mittags und abends zu bestimmten Zeiten. So, wie ich es von Kindheit an gelernt hatte. Später nahm ich auf meinen Partner und die Kinder Rücksicht. Im Beruf bestimmten oft so genannte Arbeitsessen meine Essgewohnheiten.

Da wurde mir plötzlich bewusst, dass ich fast nie danach geforscht hatte, wann, was und wie mein Körper essen wollte. Und was er mir zu diesem Thema mitteilen könnte. Etwa, wenn ich nach einem üppigen Abendessen Sodbrennen hatte. Oder, wenn mein Magen rebellierte, weil ich die Nahrung zu hastig verschlungen hatte. Meine Reaktion war immer: Welche Tablette brauche ich, um die Botschaft meines Körpers zu unterdrücken. Statt auf sie zu hören und sie zu respektieren. Bis mir dann eines Tages klar wurde, dass ich die Lösung aller meiner Probleme nur bei mir selbst finden konnte.«

Für Sie mag dieses Erlebnis wenig bedeutend erscheinen, aber für die betroffene Frau war es der erste Schritt, wie sie erklärte, in ein Abenteuer, das ihr ganzes Leben von Grund auf änderte. Das Abenteuer einer Reise in ihr vernachlässigtes Ich, um zu entdecken, wer sie wirklich war.

Diese Selbst-Entdeckung ist unerlässlich für jemanden, der einen eigenen Plan für sein Leben erstellen will. Er beginnt, das zumindest ist der Vorschlag für dieses »Egoisten-Training«, mit der täglichen »Zeit für mich«.

Es wird Ihnen vermutlich ähnlich ergehen wie der Frau in unserem Bericht: Anfangs werden Sie es schwierig finden, sich diese Zeit überhaupt zu erübrigen. Alle die gewohnten Verrichtungen und Verpflichtungen werden Ihnen wichtiger erscheinen. Aber wenn Sie beharrlich bleiben, werden Sie mit großer Wahrscheinlichkeit eines Tages bei diesem Dialog mit sich selbst Antworten erhalten, die Ihnen niemand anderer über Sie geben könnte.

Und diese Antworten können die Grundlage für Ihren Lebensplan sein. Wenn Sie nach einem Raster suchen, in dem Sie Stück für Stück Ihrer neuen Erkenntnisse über sich selbst zu einem zusammenhängenden Gebilde zusammenfügen können: Vielleicht dient Ihnen die Themenliste aus dem »Buch des Lebens« als Anregung.

Eines jedenfalls sollten Sie unbedingt tun: Wenn Sie sich zu Ihrer täglichen »Zeit für mich« hinsetzen und in sich hineinhorchen, sollten Sie nachher alle Gedanken aufschreiben, die für den Lebensplan nützlich sein könnten.

# 5
# Der beste Plan nützt Ihnen nichts, wenn Sie nicht daran glauben

Wofür und für wen wir auch im Laufe der Jahre ungezählte Pläne machen mögen, nur ganz wenige Menschen besitzen einen umfassenden Plan für ihr eigenes Leben. Ein Plan, der mit diesen drei Fragen beginnt:

- Wer bin ich heute wirklich und wo stehe ich in meinem Leben?
- Wohin will ich?
- Was brauche ich, um dorthin zu kommen, wohin ich hinkommen möchte?

Haben Sie sich jemals solche Fragen beantwortet? Immer vorausgesetzt, dass es wirklich nur um Sie selbst ging, ohne alle die Rücksichtnahmen auf alles andere.

Einen Plan für sein eigenes Leben zu entwickeln, beginnt nicht damit, dass wir fragen: »Kann ich mir das leisten?« oder »Bin ich dazu überhaupt fähig?« Oder schon gar nicht mit der Frage: »Darf man das überhaupt, was ich mir da in meinen kühnen Träumen vorstelle?« Ein Plan beginnt damit, die eigenen Bedürfnisse zu ergründen, für deren Verwirklichung wir eine Strategie zur Erfüllung aufbauen.

Zu den größten Hindernissen dabei gehört die Selbstverleugnung. Weil unser ganzes Leben nach den Plänen abläuft, die andere für uns machen, haben die meisten Menschen aufgehört, an sich selbst zu glauben.

In der »Egoisten-Bibel« finden sich über die Lebensplanung – neben anderen – folgende Hinweise:

1. Alles, was Du erreichen willst, braucht zuerst ein konkretes Ziel und dann einen konkreten Plan für den Weg, mit dem Du Schritt für Schritt das Ziel erreichen kannst.
2. Den Wert des Ergebnisses Deines Plans kannst Du mit folgenden sechs Prüfungen messen:
   - Wie konkret Ziel und Vorstellung dessen waren, was Du erreichen wolltest.
   - Wie Du Dich selbst und die Hindernisse eingeschätzt hast, die Deinem Vorhaben im Wege standen.
   - Wie gut Dein Plan war, diese Hindernisse so zu bewältigen, wie es vorgesehen war.
   - Wie stark die Kräfte und Fähigkeiten waren, die Du auf Dein Handeln konzentrieren konntest.
   - Wie gut Deine Strategie war, Deine Kräfte zur richtigen Zeit am richtigen Platz richtig einzusetzen.
   - Wie stark Dein Glaube an Dich selbst war, um alle Zweifel auszuschalten.

Wie man sieht, stellen gescheite Egoisten an alle ihre Pläne – vor allem an ihren großen Lebensplan – sehr hohe Anforderungen. Sie wissen, dass sie ihr eigener Trainer sind, deshalb ist es Bestandteil ihres Lebensplans, Fehler zu erkennen, um daraus lernen zu können.

Dies wieder ist Teil ihres Freiheits-Verständnisses: Sie wissen selbst, was für sie richtig ist, und verdrängen Fehler nicht. Dadurch brauchen sie weder Kritik zu fürchten noch auf Lob anderer zu hoffen.

Einen Plan für sein Leben zu erstellen, ist der Entwurf einer Vision. Das sollten Sie nicht vergessen. Es beginnt mit der Inventur des Vorhandenen. Der Wünsche, vor allem der verdrängten Wünsche, und Bedürfnisse.

Ein eigener Lebensplan, der sich nur darauf stützt, was Sie in Ihrem Leben bisher gelernt haben, endet vermutlich in Resignation. Er wird von den Geboten und Verboten erstickt, in die Sie von Ihren Erziehern eingebettet wurden. Sie wissen ja: »Allein kannst Du das nicht. Das darf man nicht. Das schaffst Du doch nicht. Das hast Du bisher nicht geschafft, versuche es erst gar nicht.« Und: »Welche Sicherheiten hast Du, dass es klappt?«

Ein Plan zur Erfüllung Ihres Lebenstraums, darüber sollten Sie sich klar sein, hat keine Sicherheiten. Er ist das Ticket für ein Abenteuer, von dem Sie nicht wissen, wie es enden wird. Es ist der Wegweiser auf einen Weg in eine persönliche Freiheit, die Sie nur dadurch erfahren können, dass Sie täglich die Hindernisse bewältigen, die ihr im Wege stehen.

Diese Hindernisse können Sie nicht mit der Strategie der Anpassung meistern, mit der Sie sich in der Masse anderer Mitläufer geborgen fühlen. Wenn Sie daran glauben, dass irgendjemand anderer Ihnen Ihre Wünsche erfüllt, brauchen Sie keinen eigenen Plan. Ganz im Gegenteil. Er würde Sie nur immer wieder in neue Zweifel stürzen.

Der eigene Lebensplan hat nur eine Chance, sich zu erfüllen, wenn Sie daran glauben, dass Sie selbst ihn erfüllen können. Nicht morgen. Nicht übermorgen vielleicht. Auch nicht mit größter Willenskraft, weil man weder Freiheit noch Glück erzwingen kann.

Gescheite sagen: »Der Glaube ist die Kraft, die Dich weiterbringt. Der Zweifel ist die Kraft, die Dich zurückhält. Wenn Du zweifelst, glaubst Du nicht. Wenn der Zweifel beginnt, ist der Glaube zu Ende. Und es fehlt Dir die Kraft, das Ziel zu erreichen.«

# 6
# Fassen wir zusammen, ehe Sie weiterlesen

Wenn Sie sich bewusst geworden sind, wer Sie sind und was Sie im Leben wollen, und wenn Sie eine endgültige Entscheidung gefällt haben, brauchen Sie einen Plan, um Ihre Vorstellungen zu realisieren.

Sie kennen jetzt Ihr Ziel. Sie haben sich dafür entschieden. Sie besitzen in der »Zeit für mich« das Instrument, sich zu entspannen und sich ganz auf sich zu konzentrieren.

Machen Sie jetzt ein Gerüst für Ihren Plan. Die »Egoisten-Bibel«, der Lebensplan für Gescheite, besitzt eine sehr klare Struktur. Er ist in fünf Bereiche eingeteilt:

1. »Das Buch des Lebens« mit den 30 Erfordernissen des alltäglichen Lebens, über die wir Klarheit besitzen sollen.
2. »Das Buch der Techniken«, in denen zehn Techniken beschrieben sind, Geist und Körper zu beeinflussen.
3. »Das Buch der Übungen« mit konkreten Trainings-Anleitungen für den Alltag.
4. »Das Buch der Künste« mit der Erklärung, dass wir uns nach dem Handwerk des selbstbewussten Lebens auf einem oder mehreren Gebieten eine besondere Meisterschaft aneignen sollten. Eine Meisterschaft, die das eigene Leben in den Status einer Lebenskunst erhebt.

5. »Das Buch des Weges« schließlich beschäftigt sich mit einigen Betrachtungen über den tieferen Sinn des Lebens.

## Vierte Übung

### Erkennen Sie die Hindernisse, die der Erfüllung Ihres Plans im Wege stehen. Nur wenn Sie wissen, warum Sie so sind, wie Sie sind, können Sie daran etwas dauerhaft verändern

1. *Machen Sie eine Liste Ihrer fünf größten Ängste und der drei Leute, vor denen Sie sich am meisten fürchten. Und fragen Sie sich: »Warum?«*
2. *Sie sind so geworden, wie Ihre Trainer Sie werden ließen. Übernehmen Sie jetzt Ihr Training selbst – ohne sich vor irgendjemandem zu fürchten*
3. *Wenn Sie sich Ihren Ängsten stellen, kann Sie kein Erzieher mehr damit erpressen*
4. *Warum das, was Sie dürfen, immer nur ein schwacher Ersatz für das ist, was Sie wirklich wollen*
5. *Fassen wir zusammen, ehe Sie weiterlesen*

## 1
## Machen Sie eine Liste Ihrer fünf größten Ängste und der drei Leute, vor denen Sie sich am meisten fürchten. Und fragen Sie sich: »Warum?«

Wenn Sie Ihr Leben grundlegend verändern möchten, sollten Sie mit dem Alten aufräumen, um Platz für das Neue zu machen. Sie können nicht weiter von Ihren alten Trainern abhängig sein und gleichzeitig selbst Freiheit und Glück trainieren.

Die Gescheiten sagen: »Wenn Du die Ursache eines Problems nicht kennst, kannst Du seine Auswirkung nicht verändern.«

Vielleicht gehören Sie zu den Leuten, die ständig damit beschäftigt sind, sich irgendetwas abzugewöhnen. Das Rauchen vielleicht. Oder das Trinken, Ängste, Minderwertigkeitsgefühle – was auch immer.

Wie gehen Sie dabei vor? Ergründen Sie zuerst die Ursache Ihres Problems, oder stellen Sie sich sofort die zwei häufigsten Flucht-Fragen:

- Wer hilft mir, wer löst mein Problem?
- Wer ist schuld?

Wenn Sie Hilfe bei anderen suchen, werden Ihnen sofort Kompanien von schlauen Helfern zur Seite stehen.

Gegen gutes Geld verkaufen sie Ihnen Tabletten und Therapien, gute Ratschläge und alle Arten von streng wissenschaftlichen Lösungen.

Wenn Sie die Schuldfrage stellen, werden Sie garantiert fündig werden. Irgendjemanden gibt es immer, auf den Sie die Verantwortung für Ihr Versagen abwälzen können.

Im Grunde genommen gibt es nur zwei Möglichkeiten, sich mit einem Problem auseinander zu setzen: Flucht oder Lösung. Die Flucht nach innen ist Verdrängung. Die Flucht nach außen ist die Aggression gegen andere.

Jede Lösung eines Problems beginnt mit dem Weg an seine Wurzel. Unter dem Titel »Die Technik, ein Problem zu lösen« finden sich in der »Egoisten-Bibel« folgende Erkenntnisse:

- Wie frei und glücklich Du im Leben bist, hängt davon ab, wie gut es Dir gelingt, die Probleme zu lösen, die Glück und Freiheit im Wege stehen.
- Um ein Problem lösen zu können, musst Du es erkennen. Es gibt drei Stufen, ein Problem zu erkennen:
  - Du erkennst seine *Auswirkung*.
  - Du erkennst, in welchem *Zusammenhang* es steht.
  - Du erkennst die *Ursache*.

Zu diesem Thema findet sich in der »Egoisten-Bibel« auch der Hinweis: »Es gibt kein Problem, das Du nicht erkennen kannst, wenn Du beharrlich suchst und die richtigen Fragen stellst.«

Die vierte Übung im »Egoisten-Training« besteht in der Suche nach den Hindernissen, die Ihrem Glück und Ihrer Freiheit im Wege stehen. Und die richtige Frage, die Ihnen dabei auf die Fährte hilft, lautet: »Warum?«

Beginnen Sie die Suche damit, dass Sie eine Liste Ihrer fünf größten Ängste aufstellen und eine Liste der drei Menschen, vor denen Sie sich am meisten fürchten.

Und dann stellen Sie sich bei jedem einzelnen dieser fünf Stichworte die Frage »Warum?«: »Warum fürchte ich mich davor am meisten?«

Achten Sie darauf, wie Sie jetzt auf diese Anleitung reagieren. Flüchten Sie spontan in die Abwehr-Phrase: »Ich habe vor niemandem Angst«? Oder: »Ich fürchte mich nicht vor dem Tod. Nur vor dem Sterben fürchte ich mich, weil ich nicht weiß, wie es passieren wird«?

Wie reagieren Sie: Mit Flucht, indem Sie nach Ausreden und Ablenkungen suchen? Oder machen Sie sich voll Wissbegierde an die Arbeit? Versuchen Sie Ihren Ängsten auszuweichen, oder sind Sie wirklich bereit, sich ihnen zu stellen?

Wie Sie sich auch verhalten, vergessen Sie nicht, dass Sie Ihr eigener Trainer und für Ihr Verhalten allein verantwortlich sind.

Es ist verständlich, wenn Sie Schwierigkeiten haben sollten, unvermittelt fünf Ängste aus Ihrem Unterbewusstsein auszugraben, wo sie vielleicht seit Ihrer Kindheit verschüttet sind.

Versuchen Sie es trotzdem mit dem erwähnten Vorsatz der Gescheiten: »Es gibt kein Problem, das Du nicht erkennen kannst, wenn Du beharrlich suchst und die richtigen Fragen stellst.«

## 2
## Sie sind so geworden, wie Ihre Trainer Sie werden ließen. Übernehmen Sie jetzt Ihr Training selbst – ohne sich vor irgendjemandem zu fürchten

Wenn Sie sich auf die Suche nach Ihren Ängsten machen, wird Sie die Spur bald zurück in Ihre Vergangenheit führen. Sie werden fragen:

- Bin ich noch immer so, wie mich die Trainer meines Lebens von Kindheit an geformt haben?
- Oder habe ich irgendwann einmal zu mir selbst gefunden, um der zu sein, der ich wirklich bin?

Das Training zur Einordnung und Unterordnung beginnt am ersten Tag unseres Lebens. Manche sind sogar der Ansicht, dass es schon im Mutterleib seinen Anfang nimmt.

Wir werden in Krankenhäusern geboren, als wäre das Gebären eine Krankheit. Wir werden den Müttern weggenommen und dürfen sie nur sehen, wenn ein Arzt oder eine Krankenschwester es für richtig hält. Und was haben diese Mütter vor der Geburt nicht schon alles gelesen, gelernt und von ihren Müttern über Kinder und Erziehung an wohlgemeinten Ratschlägen suggeriert bekommen!

All das ist Bestandteil des Trainings, mit dem wir auf ein Leben in den engen Grenzen der Gesellschaft vorbereitet werden, in die wir hineingeboren werden.

Manche meinen, die ersten drei bis fünf Jahre unseres Lebens seien von größter Bedeutung für unsere spätere Entwicklung. Mag sein. Tatsache ist, dass wir in diesen Jahren der Entwicklung den Einflüssen unserer Erzieher völlig hilflos ausgeliefert sind.

Wenn wir uns heute damit auseinander setzen, können wir nur fragen: »Welche Weichen wurden von meinen Eltern und Erziehern damals für mich gestellt. Und wohin ist mein Zug abgefahren?«

Steigen Sie doch – als praktischen Schritt dieser vierten Übung – einfach einmal ein in diesen Zug und fahren Sie zurück in Ihre Kindheit.

Suchen Sie sich einen ruhigen Platz. Schließen Sie die Augen, nehmen Sie sich die »Zeit für mich«. Machen Sie ein paar ruhige Atemzüge, kommen Sie zur Ruhe. Vergessen Sie für eine Weile, was Sie »da draußen« beschäftigt. Steigen Sie in den Zug und fahren Sie zurück in Ihre Kindheit.

Was Sie suchen, sind die Stationen, von denen Sie rückschauend meinen, dass sie Ihr Leben im Heute noch immer in irgendeiner Weise beeinflussen.

Welche dieser Stationen fällt Ihnen da zuerst ein? Übergehen Sie sie nicht. Steigen Sie aus dem gesicherten Platz des Zuges aus und gehen Sie auf diese Erinnerung zu. Stellen Sie sich ihr. Laufen Sie nicht weg, weil sie vielleicht zu den unangenehmsten Erinnerungen Ihres Lebens gehört.

Gehen Sie auf sie zu und leben Sie sie in allen Einzelheiten noch einmal durch:

- Wie hat es begonnen?
- Wie haben Sie Ihre Angst empfunden?
- Was ist wirklich geschehen?
- Wer war daran beteiligt?
- Vor wem hatten Sie dabei die größte Angst?

Vielleicht interessiert es Sie, auf welche solcher Stationen drei Gescheite bei dieser ersten Suche in der Vergangenheit zuerst stießen:

- Einer Frau wurde bewusst, wie sie mit sechs Jahren von ihrem Stiefvater nachts am Geschlechtsteil heftig berührt wurde und sie vor Schmerz aufschrie. Diese Schmerzvorstellung tauchte später immer wieder auf, wenn es zu intimen Beziehungen kam.
- Ein Mann erlebt im Traum viele Male die Szene, wie seine Mutter einen hysterischen Anfall erlitt, als sie ihn bei der Selbstbefriedigung ertappte.
- Ein Mann erlebt bei der ersten Station auf der Suche nach seinen Ängsten fast körperlich noch einmal, wie seine Lehrerin – in die er heimlich verliebt war – ihn vor der Klasse lächerlich machte. Er hatte in einem Aufsatz mit dem Thema »Mein schönstes Erlebnis« geschrieben: »Mein schönstes Erlebnis war, als ich gestern aufwachte und mir bewusst wurde, dass ich lebe.« Die Lehrerin machte ihn mit den Worten lächerlich: »Wie blöd musst Du sein, dass Du das erst jetzt bemerkst«, und die ganze Klasse brach in höhnisches Gelächter aus.

Welche Erinnerungen auch immer aus Ihrer Kindheit auftauchen: Durchleben Sie sie noch einmal, ehe Sie wieder in den Zug einsteigen, um zurück- oder noch weiterzufahren.

Es ist eine Übung zur Aufarbeitung der Hindernisse, die heute und morgen Ihrem Glück im Wege stehen. Vergessen Sie nicht: Ihr eigenes Glück kann sich nur dann entfalten, wenn Sie sich von den Erlebnissen befreit haben, die ihm im Wege stehen.

Sich diesen Erlebnissen zu stellen und sie noch einmal zu durchleben, ist eine Übung der Befreiung. Erlebnisse aus der Zeit Ihrer Hilflosigkeit gegenüber Ihren Trainern beeinflussen Sie ein Leben lang. Auch wenn sie verdrängt sind. Deshalb ist es wichtig, sich diesem Vorgang der Befreiung zu unterziehen und zu beschließen: »Hier und heute bin ich nicht mehr hilflos. Ich ersetze die Abhängigkeit von anderen durch die Entscheidung, mich aus eigener Kraft so stark zu machen, dass ich mein Leben selbst bestimmen kann.«

## 3
## Wenn Sie sich Ihren Ängsten stellen, kann Sie kein Erzieher mehr damit erpressen

Es gibt ungezählte starke Argumente, mit denen die Schlauen den Dummen zu allen Zeiten einreden konnten, wie wichtig es ist, sich Geboten und Verboten unterzuordnen. Eines dieser starken Argumente lautet: Es ist im Interesse der Allgemeinheit. Ein anderes: Unser angebliches soziales Gewissen sei wichtiger als die Verantwortung gegenüber uns selbst.

Ist es nicht seltsam, dass uns solche Begründungen ein Leben lang durch Bedrohung gewaltsam beigebracht werden müssen? Oder hat Ihnen schon einmal einer Ihrer Erzieher beigebracht – sei es Vater, Lehrer, Chef, Gewerkschaft, Pfarrer oder Staat –, dass in Ihrem Leben für Sie nichts wichtiger ist als Ihr eigenes Interesse an Ihrem ganz persönlichen Glück?

Sie können es drehen und wenden, wie Sie wollen, wenn Sie sich auf die Suche nach den Hindernissen machen, die Ihrem persönlichen Glück im Wege stehen: Bedrohung und Angst werden Ihnen immer wieder begegnen.

Durch Bedrohung Angst zu erzeugen und diese Angst als Instrument der Manipulation zu benützen, ist das mächtige Instrument bei unserer Erziehung zu guten, lieben, netten, fleißigen, willigen und hilflosen Bürgern.

Wer seine Freiheit als selbstbestimmter Egoist erlangen will, muss sich seinen Ängsten stellen. Das ist die Voraussetzung dafür, sich vor Bedrohungen nicht mehr fürchten zu müssen.

Eine wichtige Grundlage des »Egoisten-Trainings« ist es, die Grenzen der Bedrohung zu durchschauen und durch die eigene Stärke zu ersetzen.

Und was, werden Sie fragen, muss ich tun, um diese Stärke zu erlangen?

Die Antwort lautet: Wenn Sie selbst wissen, wie Sie wirklich leben wollen, sich dafür entscheiden, einen eigenen Plan für Ihr Leben besitzen und bereit sind, auf alles zu verzichten, was Sie abhängig macht – dann können Sie eines Tages so stark sein, dass Sie nichts und niemand mehr bedrohen kann.

Sie fragen jetzt vermutlich weiter: »Und was heißt ›eines Tages‹?«

Es heißt: Wenn Sie das, was Sie erreichen wollen, ohne zu zweifeln und beharrlich an jedem Tag trainieren und aus Misserfolgen lernen, wird sich Ihr Ziel ganz von selbst erfüllen.

Die zwei größten Hindernisse dabei, daran können Sie sich als Ihr Trainer gar nicht oft genug erinnern, sind der fehlende Glaube an sich selbst und die Ungeduld.

Über diesen Glauben sagen die Gescheiten: »Woran Du nicht glaubst, das kannst Du auch nicht erreichen. Was Du Dir nicht vorstellen kannst, daran musst Du glauben.«

An sich selbst so stark zu glauben, dass der Glaube stärker ist als alle Zweifel – das ist eine der Eigenschaften, die überzeugte Egoisten zu glücklichen Gescheiten machen.

# 4
# Warum das, was Sie dürfen, immer nur ein schwacher Ersatz für das ist, was Sie wirklich wollen

Wenn Sie sich auf die Suche nach den Hindernissen machen, die Glück und Freiheit im Wege stehen, wird Ihnen ein bekannter Begriff begegnen: Der Zwiespalt zwischen eigenem Wollen und fremdverordnetem Dürfen.

Vielleicht ist das die Wurzel fast aller unserer Probleme. Deshalb sollten Sie nicht müde werden, sich damit auseinander zu setzen.

Was ist es, was wir *wollen?*

Es ist die Befriedigung unserer individuellen Bedürfnisse und Wünsche. Wenn uns diese Befriedigung gelingt, sind wir glücklich. Und frei. Denn durch die Befriedigung befreien wir uns von der Spannung, die notwendig war, um uns zur Entscheidung und zum Handeln anzutreiben. Wenn wir die Befriedigung aus Angst und Selbstzweifeln verhindern, kann die Glück bringende Befreiung nicht stattfinden.

Der Glaube daran, dass wir uns einen Wunsch erfüllen können, konzentriert diese Antriebskraft, die Zweifel schwächen sie.

Und was steht der Befriedigung unserer individuellen Bedürfnisse im Wege, die uns von der Spannung befreien würde?

Es ist unsere Gläubigkeit in die Macht der Gebote, die uns von den Leuten abhängig macht, die uns mit Strafen bedrohen und mit Ersatzbefriedigung Hoffnungen machen.

In den Aufzeichnungen der Gescheiten findet sich eine bemerkenswerte Erkenntnis. Sie besagt: »Ein Bedürfnis in den Genitalien kannst Du nicht im Kopf befriedigen.«

Noch deutlicher sagte es ein erfahrener Psychiater während eines Zusammentreffens mit seinem berühmten Kollegen Sigmund Freud Anfang des vergangenen Jahrhunderts. Er sagte: »Jedes natürliche Bedürfnis nach Befriedigung, das wir lange Zeit unterdrücken, führt zur Depression und macht uns krank.« Diese Erkenntnisse hatte er bei der Behandlung junger Menschen gewonnen, denen Selbstbefriedigung verboten worden war.

Setzen Sie sich doch einfach heute noch an einen stillen Platz, schließen Sie die Augen, machen einige ruhige Atemzüge in die Mitte Ihres Körpers und lassen Sie Ihrer Erinnerung freien Lauf, um die Frage zu beantworten: »Welche Wünsche und Bedürfnisse habe ich mir im vergangenen Monat nicht erfüllt, sondern verdrängt, weil ich nicht durfte?«

Machen Sie bei Ihrer Suche nicht den Fehler, sich durch die Vermischung von Wollen und Dürfen von der wirklichen Antwort abzulenken. Die Erziehung zum Verbots-Gehorsam ist bei den meisten Menschen so tief verwurzelt, dass sie sich gar nicht mehr zu wünschen getrauen, was sie nicht tun dürfen.

Schon einen »unmoralischen« Wunsch auch nur zu denken, verursacht Ihnen bereits Schuldgefühle. Und jedes Schuldgefühl, so haben Sie es gelernt, verlangt nach Sühne. Deshalb sind manche Sünder über die Strafe glücklich, mit der die schlauen Hüter der Verbote und Gebote ihnen wenigstens einen Ersatz der Befriedigung verschaffen.

»Wenn wir uns schon die wirklichen Bedürfnisse nicht befriedigen dürfen, nehmen wir wenigstens eines der unüberschaubaren Angebote von Ersatzbefriedigung an.« So oder ähnlich könnte das Motto lauten, mit dem sich die Dummen damit begnügen, ein Leben aus zweiter Hand zu führen.

Und die Schlauen, die davon profitieren, dass sie unermüdlich an immer neuen Angeboten von Ersatzbefriedigungen arbeiten? Die Schlauen haben sich mit der Macht über andere ihre eigene Ersatzbefriedigung geschaffen.

Seit Erscheinen der »Egoisten-Bibel« gab es Diskussionen darüber, ob es rechtens sei, die Mehrheit in unserer Gesellschaft als Dumme zu bezeichnen. Es wurde auch erörtert, ob nicht die wahren Gescheiten die Schlauen seien.

Für wirklich Gescheite sind solche Überlegungen ohne Bedeutung. Entscheidend für sie ist allein: »Bin ich heute aus eigener Kraft frei und glücklich?« Dafür gibt es keinen Ersatz.

Ein freier Mensch zu sein, bedeutet für sie, das zu tun, was sie wollen, ohne sich durch das, was sie nicht dürfen, daran hindern zu lassen. Was für den Egoisten allein zählt, ist nicht, ob er in einer Diskussion Recht behält, sondern das Ergebnis seines Handelns. Für ihn ist es nicht wichtig, bei anderen beliebt zu sein. Er liebt sich selbst.

Zur Masse der Dummen zu gehören, besagt nur, dass jemand, der nicht selbst für sich denkt, sondern andere für sich entscheiden lässt, nicht gescheit sein kann. Das Wesen eines Gescheiten liegt schließlich darin, selbst für sich zu denken.

Und Schlaue, deren Ersatzbefriedigung die Macht über andere ist, können nicht den Gescheiten zugeordnet werden, weil Macht ein hohes Maß an Abhängigkeit schafft.

Wenn der Zwiespalt zwischen Wollen und Dürfen die Ursache der meisten unserer Probleme ist, lautet die Alternative dazu, um die »Egoisten-Bibel« zu zitieren: »Du lässt alles los, was Dich belastet und krank macht. Du lässt alles zu, was Dich frei und glücklich macht.«

Wenn Sie also nach einer Antwort auf die Frage suchen: »Welche Wünsche und Bedürfnisse habe ich mir nicht erfüllt, weil ich nicht durfte?«, stoßen Sie vermutlich bald auf das Phänomen der Ersatzbefriedigung als Ursache mancher Ihrer Konflikte.

# 5

# Fassen wir zusammen, ehe Sie weiterlesen

In der vierten Übung dieses Trainings sollten Sie sich die Hindernisse bewusst machen, die der Erfüllung Ihres Plans im Wege stehen.

Vor einigen dieser Hindernisse sind Sie vermutlich seit vielen Jahren davongelaufen, haben sie verdrängt, davon geträumt – aber Sie haben sich ihnen niemals wirklich gestellt.

Sie wissen jetzt: Verdrängte Probleme und Ängste werden Sie niemals los, wenn Sie versuchen, sie zu vergessen oder zu verdrängen. Im Gegenteil: Verdrängte Probleme ziehen immer neue Probleme nach sich. Wovor Sie heute flüchten, das wird Sie morgen und übermorgen noch immer verfolgen.

In dieser Übung sollten Sie Ängste, Tabus, unbefriedigte sexuelle Wünsche, wahnwitzige Fantasien ohne Zögern und Hemmungen aus dem Dunkel der Verdrängung ans Licht des Erkennens holen und sich ihnen stellen.

Schließen Sie die Augen. Entspannen Sie sich. Schauen Sie nach innen. Ziehen Sie sich auf Ihre Insel der Ruhe zurück und reisen Sie im Geist Station für Station in Ihre Vergangenheit zurück.

Gescheite schreiben ihre Erlebnisse dabei auf. Denn das »Freischreiben« von unbewältigten Erinnerungen ist ein Weg, sie zu bewältigen.

## Fünfte Übung

# Lernen Sie die beste Technik, sich selbst zu beeinflussen, damit Sie immer weniger von anderen manipuliert werden können

1. *Sie sind so, wie Sie denken, und werden so, wie Sie immer wieder denken. Freiheit und Glück beginnen an jedem Morgen in Ihrem Kopf*
2. *Wie Sie durch gezieltes Denken das Unterbewusstsein mit Ihren eigenen Zielen programmieren können*
3. *Die Fünf-Frage-Technik, bewusst mit Ihren Ängsten umzugehen*
4. *Lassen Sie zu, was Sie frei und glücklich macht. Lassen Sie los, was Sie belastet und krank macht*
5. *Fassen wir zusammen, ehe Sie weiterlesen*

# 1
# Sie sind so, wie Sie denken, und werden so, wie Sie immer wieder denken. Freiheit und Glück beginnen an jedem Morgen in Ihrem Kopf

Die fünfte Übung des »Egoisten-Trainings« beschäftigt sich mit den Techniken der Selbstbeeinflussung. Wohlgemerkt: Den Techniken, sich *selbst* zu beeinflussen.

Unsere ganze lebenslange Erziehung hat das Ziel, uns so zu formen, wie die Erzieher es für uns vorgesehen haben. Die einen versuchen es, indem sie uns verführen und überreden. Andere machen es sich einfacher: Sie benützen ihre Autorität, um Zwang auf uns auszuüben.

Beides beginnt damit, dass sich die allgegenwärtigen Trainer Schritt für Schritt unseres Denkens bemächtigen:
- Zuerst erwecken sie unsere Aufmerksamkeit und beflügeln die Neugier. Oder sie machen uns Angst davor, bestraft und ausgeschlossen zu werden, wenn wir nicht annehmen, was sie uns anbieten.
- Dann erwecken sie in uns den Wunsch, zu besitzen, was sie uns anbieten.
- Sie wiederholen ihr Angebot so lange mit Nachdruck, bis wir nachgeben, weil wir keine bessere Alternative kennen.

- Wenn wir dann tun, was sie von uns erwarten, versuchen sie, uns von sich und ihrem Angebot abhängig zu machen. Wenn es möglich ist, für den Rest unseres Lebens.

Mit anderen Worten: Sie lenken unsere Gedanken, beflügeln unsere Fantasie und erwecken Neugierde und Bedürfnisse. So lange, so verlockend oder so bedrohlich, bis unser Denken uns zum Handeln treibt.

Das ist die einfache Strategie, mit der Menschen seit Menschengedenken von anderen Menschen manipuliert werden. So werden Autos verkauft und Ideologien, Religionen und natürlich auch Damenbinden. Lehrer setzen damit Schüler unter Druck und der Staat seine Bürger.

Alle Beeinflussung beginnt mit der Kontrolle des Denkens. Und es ist Ihre Entscheidung, ob Sie die Kontrolle Ihres Denkens anderen überlassen. Oder ob Sie die Techniken kennen und benützen, sich selbst zu beeinflussen.

Hier sind vier wichtige Informationen, die Sie kennen sollten, wenn Sie Ihr Denken gezielt lenken wollen:

1. Sie müssen sich darüber im Klaren sein, dass es kein Zufall ist, wie und was Sie denken. Und Sie müssen erkennen, dass alles, was Sie entscheiden und tun, in Ihrem Kopf mit Ihrem Denken beginnt.
2. Sie müssen erkennen, dass Ihr Leben Bestandteil eines manipulativen Spiels ist, in dem jeder jeden nach

seinen Vorstellungen beeinflussen möchte. Wer die richtigen Techniken kennt, wird erfolgreich sein. Wer sie nicht kennt, wird immer zu den Dummen gehören. Wer gescheit ist, wird lernen, sein Denken selbst zu kontrollieren.

3. Wünsche und Bedürfnisse werden Teil unseres Denkens, sobald sie uns bewusst geworden sind. Wenn andere Leute Wünsche und Bedürfnisse in uns erwecken, versuchen sie, unsere Fantasie unter ihre Kontrolle zu bringen. Wenn wir unsere Wünsche und Bedürfnisse selbst erkennen, können wir unsere Fantasie benützen, um uns zum Handeln nach eigenen Vorstellungen zu aktivieren.
4. Ob ein eigener Gedanke oder Wunsch zur Befriedigung führt, hängt davon ab, wie sehr wir daran glauben, wie beharrlich wir ihn verfolgen und wie bildhaft wir unsere Fantasie beflügeln. So lange und geduldig, bis der Körper tut, was der Gedanke will.

Die Gescheiten sagen: »Du bist so, wie Du denkst. Du wirst so, wie Du immer wieder denkst.« Im Grunde genommen sagen diese beiden Sätze alles über die Technik der Selbstbeeinflussung: Denken Sie so lange an das, was Sie erreichen wollen, bis Sie an nichts anderes mehr denken können – und es tun.

»Warum befolgen dieses Rezept nicht alle Menschen, wenn es doch so einfach ist?«, fragen Sie vielleicht jetzt. Eine gute Frage. Aber tun Sie es selbst? Und wenn nicht, warum nicht?

Vermutlich liegt es daran, dass es nicht genügt, eine Technik zu besitzen ohne eine Vision, eine Entscheidung, einen Plan und ohne den Glauben daran, die Vision aus eigener Kraft verwirklichen zu können.

Die Technik der Selbstbeeinflussung kann nur wirksam werden, wenn sie eingebettet ist in eine umfassende Vorstellung für unser ganzes Leben.

Erst wenn Sie an jedem Morgen aufwachen und zuallererst denken: »Gleichgültig, was heute geschieht, ich werde frei und glücklich sein«, und wenn Sie in den nächsten Augenblicken Ihre Fantasie einsetzen, sich bildhaft vorzustellen, wie großartig dieser Tag für Sie als freier, glücklicher Mensch sein wird – erst dann wird die Technik zum nützlichen Instrument für die Verwirklichung Ihrer Lebens-Vision.

Vielleicht sind Sie bisher morgens aufgewacht, und Ihr erster Gedanke beschäftigte sich damit, was Sie an diesem Tag für andere tun müssen. Und Ihre Fantasie war von Zweifeln erfüllt, ob Sie auch allen diesen Anforderungen gerecht werden könnten. Bis Sie, von Unsicherheit gehetzt und von Pflichterfüllung angetrieben, das Bett verlassen, um irgendwohin zu eilen.

Wenn so Ihre Tage beginnen, sollten Sie sich gleich jetzt entspannt in eine stille Ecke setzen und sich fragen: »Genügt es mir wirklich, zur Masse der Dummen zu gehören? Oder gibt es da noch etwas, das mein Leben lebenswerter machen könnte?«

## 2
## Wie Sie durch gezieltes Denken das Unterbewusstsein mit Ihren eigenen Zielen programmieren können

»Du bist so, wie Du denkst. Du wirst so, wie Du immer wieder denkst.« Ist Ihnen bewusst, was das für Ihr ganzes Leben bedeuten kann?

- Wenn Sie an einem Tag hundertmal denken: »Ich habe Angst«, ist die Wahrscheinlichkeit sehr groß, dass diese ständig wiederholten Angstgedanken schließlich nicht nur Ihr Denken, sondern Ihre Stimmung, Ihre Konzentration und Ihr ganzes Lebensgefühl verändern.
- Wenn Sie vor einer großen Aufgabe stehen, und Sie denken immer wieder: »Ich bin daran schon dreimal gescheitert, wahrscheinlich schaffe ich es diesmal auch wieder nicht«, dürfen Sie sich nicht wundern, wenn die in Ihrem Kopf vorweggenommene Niederlage tatsächlich eintritt. Sie haben sie mit Ihrem wiederholten Denken heraufbeschworen.
- Wenn Sie sich von morgens bis abends in Ihrer Fantasie immer wieder ausmalen, wie Sie leicht und lachend über alle Hindernisse, die sich Ihnen heute entgegenstellen, hinwegspringen, als wären sie gar nicht da – könntc es da nicht sein, dass sich nach einigen Tagen ein Gefühl der Leichtigkeit, der Freiheit und der Gewissheit breit macht, dass es nichts gibt, was Sie nicht bewältigen könnten?

Es gibt keine Garantie dafür, dass es tatsächlich nach einigen Tagen schon geschieht. Aber es könnte sein – meinen Sie nicht auch? Vorausgesetzt natürlich, Sie sind bereit, es zu tun.

Wohlgemerkt: Es genügt nicht, dass Sie es sich vornehmen. Sie werden es auch nicht erleben, wenn Sie – statt zu handeln – nach einem halben Dutzend raffinierten Ausreden suchen, warum Sie es eigentlich doch nicht tun wollen. Oder tun können, weil tausend andere Dinge viel wichtiger sind als Sie selbst.

Wissen werden Sie es erst, wenn Sie es lange und ernsthaft genug versucht haben. Denn keine Technik der Welt verändert etwas, wenn sie nicht so lange praktiziert wird, bis sich der Erfolg einstellt.

Die Technik der Selbstbeeinflussung besteht, um es zusammenzufassen, aus folgenden fünf Elementen:
*Erstens:* Sie brauchen ein konkretes Ziel, für das Sie sich entschieden haben und für das Sie bereit sind, auf weniger wichtige Wünsche zu verzichten.
*Zweitens:* Sie richten Ihr Denken auf dieses Ziel und denken immer wieder: »Ich schaffe es. Was auch passiert, ich schaffe es.«
*Drittens:* Sie benützen nicht nur Ihre Gedanken, sondern auch Ihre Fantasie, um sich möglichst bildhaft auszumalen, wie Sie alle Hindernisse überwinden, bis Sie am Ziel sind.
*Viertens:* Sie sind auf der Hut vor den Irritationen Ihres Zweifler-Ichs. Es wird Sie mit Gedanken verunsichern,

wie: »Wozu brauchst Du das alles überhaupt?« oder: »Das schaffst Du ja doch wieder nicht.« Vielleicht zählt es Ihnen einige Möglichkeiten auf, wie Sie alles das, was Sie erreichen wollen, viel einfacher mit fremder Hilfe erreichen könnten, ohne sich anstrengen zu müssen.

*Fünftens:* Sie besiegen alle Zweifel und Ängste durch die Beharrlichkeit, mit der Sie immer wieder den Gedanken wiederholen: »Ich schaffe es. Gleichgültig, was passiert.«

Die beharrliche Wiederholung ein und derselben Vorstellung ist nichts anderes als die Technik, mit der Millionen Menschen manipuliert und in ihrem Glauben an eine Sache gebunden werden: Das Ritual des Gebets in der Kirche. Oder wenn die Muslime sich in der Moschee, eine Unterwerfungs-Formel murmelnd, immer wieder verneigen. Ihr Denken wird von eingelernten, gezielten Vorstellungen beherrscht, ihre Lippen setzen sie in Worte um, und die Bewegungen ihres Oberkörpers vollenden das Ritual der totalen Hingebung.

Eine ähnliche Technik der Manipulation wendet die Werbung an. Immer wieder wird rituell im Fernsehen, auf Plakaten oder in Zeitungsanzeigen eine Botschaft wiederholt. Unsere Fantasie wird angeregt, der Wunsch zum Besitzen wird erweckt – bis wir eines Tages das tun, was man uns lange und beharrlich genug eingeredet hat.

Beharrlich genug. Wissen Sie, was das bedeutet? Es bedeutet, dass mit der stetigen Wiederholung gezielter Bilder und Formeln Ihr Unterbewusstsein programmiert wurde. Die Botschaft der Muslime lautet: »Es gibt nur einen Gott,

Du glaubst nur an ihn und an keinen anderen und unterwirfst Dich den Anweisungen des Propheten, weil nur sie dich glücklich machen.« Die Botschaft der Werbung lautet: »Hier ist, was Dich glücklich macht. Kauf es.«

Die Botschaft der Erzieher in unserer Kindheit hieß: »Du musst tun, was wir Dir sagen, dann wirst Du gelobt. Wenn Du es nicht tust, wirst Du bestraft. Also tue es schon, bevor Du bestraft wirst.«

Was sollte Sie daran hindern, mit genau dergleichen bewährten Technik Ihr Unterbewusstsein selbst so lange und beharrlich mit Ihrer eigenen Botschaft zu programmieren? So lange und beharrlich, bis der Glaube daran in Ihnen stärker verankert ist als alle Zweifel und Ängste?

Stellen Sie sich ein Gefäß vor. Bis obenhin gefüllt mit einer weißen Flüssigkeit von Ängsten, Zweifeln, Verboten, Geboten, Schuldgefühlen und Minderwertigkeitskomplexen. Und jetzt lassen Sie in dieses Gefäß unbeirrt Tag für Tag einige rote Tropfen fallen, bestehend aus starkem Glauben an Sie selbst, aus unbändigem Freiheitsbedürfnis und Ihrer Glücks-Vision.

Irgendwann wird sich das Gefäß Ihres Unterbewusstseins mit den roten Tropfen gefüllt haben. Vorausgesetzt allerdings, Sie haben Ihr Vorhaben nicht frühzeitig aus Ungeduld aufgegeben.

Das Unterbewusstsein ist ganz offensichtlich die Lenkzentrale unseres Handelns. Es veranlasst uns, das zu tun, wofür es durch ständige gezielte Beeinflussung programmiert wurde.

Wenn Sie sich den Anweisungen widerspruchslos unterwerfen, mit denen die Trainer Sie seit der frühen Kindheit programmiert haben, werden Sie das tun, was in Ihrem Unterbewusstsein durch stete Wiederholung verankert ist.

Sie mögen als gehorsamer Schüler manchmal an den Anweisungen der Trainer zweifeln. Sie werden unglücklich über die Konflikte sein, in die Ihre anerzogene Unterwürfigkeit Sie immer wieder stürzt – aber nichts wird sich ändern, wenn Sie nicht darangehen, das Programm in Ihrem Unterbewusstsein dauerhaft zu verändern.

Die »Zeit für mich«, von der hier immer wieder die Rede ist, stellt eine unter Egoisten gebräuchliche Form des Rituals der Selbstbeeinflussung dar. Sie enthält die wichtigsten Voraussetzungen, um Gedanken im Unterbewusstsein zu verankern:

1. Mit der Entspannung und ruhigen Atmung wird die Ablenkung durch äußere Einflüsse vermindert.
2. Durch das bewusste Verfolgen des Atmens mit den Gedanken wird die Aufmerksamkeit nach innen gelenkt.
3. Durch die allmählich eintretende innere Ruhe wird der Weg frei für die monotone und zwanglose Suggestion der Formeln und Vorstellungen, bis Sie sich immer tiefer in das Unterbewusstsein versenken.

In der »Egoisten-Bibel« wird mehrmals der Hinweis erwähnt, wie wichtig die Geduld sei, sich ein Ziel so lange zu suggerieren, »bis es sich ganz von selbst verwirklicht«.

Mit anderen Worten: Bis die gewünschte Vorstellung im Gefäß des Unterbewusstseins alle Hindernisse ersetzt, die der automatischen Verwirklichung des gewünschten Ziels im Wege gestanden sind.

# 3
# Die Fünf-Frage-Technik, bewusst mit Ihren Ängsten umzugehen

Es besteht kein Zweifel, dass unsere ganze Erziehung auf Bedrohung beruht. In der »Egoisten-Bibel« ist von drei Arten von Angst die Rede:

- Die Angst vor dem Unvorhersehbaren.
- Die Angst, etwas falsch zu machen und dafür bestraft zu werden.
- Die Angst, etwas zu verlieren, woran man gewöhnt wurde.

Die Fremderziehung mit Hilfe von Bedrohung und Angst können Sie nur dann durch Selbsterziehung ersetzen, wenn Sie sich Ihren Ängsten stellen. Statt vor ihnen wegzulaufen, sie zu leugnen oder zu verdrängen.

Wie Sie wissen, können Sie kein Problem wirklich lösen, wenn Sie es nicht an seiner Wurzel aufspüren. Das gilt für die nachhaltigen Kindheitserlebnisse genauso wie für alle anderen Hindernisse, die der Erfüllung eines Ziels im Wege stehen. Und mit Sicherheit gehören die Ängste zu den größten Hindernissen.

Eine Angst zu hinterfragen, ist ein brauchbarer Weg, ihre Ursache und ihre Wirkung besser beurteilen zu können. Als eine Form der Hinterfragung von Ängsten hat sich die Fünf-Frage-Technik bewährt:

*Erste Frage:* Wovor fürchte ich mich konkret?

Diese erste Frage ist vorerst ein eindeutiges Signal für Ihre grundsätzliche Einstellung. Es manifestiert: »Ich laufe nicht weg. Ich gehe offensiv auf die Angst zu und bin entschlossen, sie zu hinterfragen.«

Wenn Sie diese erste Frage stellen, werden Sie sehr bald feststellen, dass manche Ängste ihre Bedeutung verlieren, wenn man sie konkretisiert.

Vielleicht leiden Sie durch Erfahrungen aus der Schulzeit ganz allgemein an Prüfungsangst. Sie drängt sich immer dann in Ihr Denken, wenn Sie sich irgendeiner Art von Prüfung gegenübersehen. Diese im Unterbewusstsein programmierte Angst ist vermutlich der Grund dafür, dass Sie sich manchmal einer Gefahr erst gar nicht stellen.

Wenn Sie nun nach der konkreten Form und Ursache einer Angst fragen, zeigt es sich sehr oft, dass sie grundlos ist, weil vielleicht die Umstände von heute ganz anders sind als damals, als sie in Ihr Unterbewusstsein gepflanzt wurde.

*Zweite Frage:* Was ist das Schlimmste, das mir passieren kann?

Wenn Sie Ihre Angst erst einmal konkretisiert und ihre tatsächliche Ursache erkannt haben, stellen Sie sich mit dieser zweiten Frage dem Worst-Case, den schlimmsten möglichen Folgen, die eintreten könnten, wenn Sie das tun, wovor Sie sich fürchten.

Das Ergebnis dieser Untersuchung mag für Sie erschreckend sein. Vielleicht entscheiden Sie jetzt tatsächlich, dass es besser ist, das Vorhaben aufzugeben, weil die Gefahr einfach eine Nummer zu groß für Sie ist. Dann ziehen Sie sich zurück, aber Sie tun es durch eine eigene bewusste Entscheidung und nicht aus eingelernter Angst.

Was Sie dabei immer noch lernen, ist, dass Sie es wenigstens geschafft haben, sich einer Gefahr zu stellen, statt von vorneherein die Flinte ins Korn zu werfen.

Eine Entscheidung dieser Art sollte Sie allerdings nicht daran hindern, sich mit den weiteren drei Fragen dieser Technik zu beschäftigen.

*Dritte Frage:* Was ist das Günstigste, das mir passieren kann?

Alles in unserem Leben hat zwei Seiten. So einfach und kindlich diese Binsenweisheit auch klingt: Kein Schlauer ist daran interessiert, dass seine dummen Opfer sich darauf besinnen.

Oder haben Sie schon einmal einen Werbespot im Fernsehen gesehen, in dem nicht nur die Vorteile, sondern auch die Nachteile eines Produkts aufgezeigt wurden?

Manipulation bedeutet, das Denken des Manipulierten nur in eine Richtung zu lenken und ihm möglichst eindringlich möglichst viele verlockende einseitige Vorteile vorzugaukeln. Damit er gar nicht erst in Versuchung kommt, auch an mögliche Nachteile zu denken.

Ein Problem oder eine Angst so zu konkretisieren, dass wir sie aus zwei Blickwinkeln beurteilen können, bedeutet in unserem Fall also: Nach der Beurteilung des schlimmsten möglichen Falles stelle ich diesem nun die andere Möglichkeit entgegen: »Was ist das Günstigste, das mir passieren kann?« Oft zeigt es sich im Vergleich, dass die Vorteile überwiegen.

Diese Bewusstmachung beider Seiten einer möglichen Gefahr hilft Ihnen im konkreten Fall, bewusst mit einer Angst besser umzugehen. Aber vergessen Sie nicht: Wenn Sie diese Fünf-Frage-Technik immer öfter anwenden, üben Sie damit ganz automatisch auch die Aufgabe aus der ersten Übung des »Egoisten-Trainings«: Bewusst zu leben und selbst zu denken und zu entscheiden.

*Vierte Frage:* Was kann ich selbst noch tun, um für die Gefahr besser gewappnet zu sein, vor der ich mich fürchte?

Vermutlich haben Sie an diesem Punkt der Hinterfragung bereits ein ganz anderes Bild Ihrer Angst als zu Beginn. Statt auf der Flucht zu sein, befinden Sie sich mitten in einer Konfrontation. Sie handeln bereits, statt zu flüchten.

Wenn die bisherige Befragung von defensiver Natur war, so sind Sie jetzt gefordert, aktiv zu werden.

Was können Sie selbst noch tun, um die tatsächliche Gefahr zu vermindern, vor der Sie sich fürchten? Vielleicht stellen Sie jetzt fest, dass Sie sich aus Bequemlichkeit gar nicht richtig auf die bevorstehende Aufgabe vorbereitet haben. Oder dass Sie gedacht haben: »Wenn es so weit ist, wird mir schon irgendjemand helfen.«

Es gehört schließlich zum Wesen der großen Masse der Dummen, dass sie sich in die Hilflosigkeit flüchten, noch ehe sie sich die Mühe genommen haben, alle eigenen Kräfte zu mobilisieren.

*Fünfte Frage:* Warum tue ich das, was ich noch tun kann, um die Gefahr zu bewältigen, nicht sofort, um alle meine Chancen wahrzunehmen?

Diese drängende Frage zielt auf den endgültigen Schritt zur Aktion. Eine Angst zu bewältigen, hängt immer davon ab, ob es uns gelingt, aus der passiven Haltung auszubrechen und einen ersten Schritt auf die Angst zuzumachen. Aktiv zu werden, statt angstvoll zu verharren.

Angst bedeutet: erstarren, atemlos verharren, hilflos sein oder vielleicht, mit dem Energieschub unseres Überlebensinstinkts davonzulaufen. Angstbewältigung bedeutet: statt zu erstarren oder wegzulaufen, sofort einen entschlossenen Schritt auf die Angst zuzumachen, indem wir den Energieschub zur Offensive nützen. Denn jede Gefahr schärft den Geist und alarmiert den Körper.

Wenn Sie sich dazu entschließen, die Fünf-Frage-Technik in Ihr tägliches Trainings-Programm aufzunehmen, sollten Sie die Entscheidung in Ihrem Unterbewusstsein verankern: »Ich spiele das Spiel mit jeder Angst und stelle ihr die erste Frage, noch bevor sie mich überrumpeln kann.« So jedenfalls lautet die Formel, die sich in den Aufzeichnungen eines Egoisten fand, dem wir die Fünf-Frage-Technik verdanken.

## 4
## Lassen Sie zu, was Sie frei und glücklich macht. Lassen Sie los, was Sie belastet und krank macht

Wie sehr die beiden Begriffe des Loslassens und Zulassens Bestandteile des Trainings von Freiheit und persönlichem Glück sind, zeigt folgender Hinweis in der »Egoisten-Bibel«: »Du lässt alles los, was Dich belastet und krank macht. Du lässt alles zu, was Dich frei und glücklich macht.«

Deutlicher könnte eine Trainings-Anleitung für Sie kaum formuliert sein: »Lassen Sie los, was Sie belastet und krank macht.« Wer selbst nicht weiß, was er will und kein eigenes klares Lebensziel besitzt, dem bleibt gar nichts anderes übrig, als sich daran zu klammern, was die Schlauen ihm anbieten und versprechen.

Diese hilflose Abhängigkeit kann jemanden durchaus glücklich machen. Allerdings nur so lange, als er nicht den Glauben an das verliert, woran er sich klammert. Schon der kleinste Zweifel stürzt ihn – wie wir wissen – in Konflikte, die ihn belasten und krank machen.

Sehen Sie sich bewusst um, und Sie werden bald erkennen, wovon die Rede ist:

- Da ist das Kind, das die Eltern mit mehr oder weniger Bedrohung zu Ehrlichkeit und Wahrheit erzogen haben. Bis es feststellt, wie verlogen die Eltern selbst sind.

- Da ist der Ehepartner, der tatsächlich an die Treue »bis der Tod euch scheidet« glaubte. Bis der Ehebruch offenbar wird, von dem meistens die Freunde des Paares viel früher wussten als der betroffene Partner selbst.
- Da sind die arglosen Steuerzahler, denen der Staat Sicherheit und lebenslangen Wohlstand verspricht. Plötzlich zeigt es sich, dass der Staat selbst pleite oder zumindest hoch verschuldet ist.
- Da sind die Politiker, die den gutgläubigen Wählern gesicherte Pensionen und Arbeitsplätze versprechen. Bis sich herausstellt, dass nichts so gesichert ist wie die Pensionen der Politiker.
- Und da ist natürlich die Medizin, von der die Patienten Wunder erwarten. Und da sind die Wissenschaftler, die vorgeben, alles zu wissen, obwohl sie nur eines ganz genau wissen. Nämlich, wie wenig sie in Wahrheit über die Gesundheit wissen.

Wenn Sie darangehen, sich mit Techniken des Loslassens und Zulassens vertraut zu machen, sollten Sie zwei Voraussetzungen erfüllt haben:

1. Sie sollten ergründet haben, was konkret Sie loslassen wollen, weil es als Hindernis Ihrem Glück und vor allem Ihrer Freiheit im Wege steht.
2. Sie sollten sich dafür entschieden haben, was Sie zulassen wollen, weil es ein Bestandteil Ihres Lebensplans ist.

An diesem Punkt ist es angebracht, Sie auf den Zusammenhang aller sieben Übungen dieses Trainings-Programms hinzuweisen: Jede Übung baut auf die vorangegangenen Übungen auf. Es bleibt Ihnen als Ihr eigener Trainer also gar nichts anderes übrig, als Schritt für Schritt vorzugehen.

Es wird Ihnen in Übung Nummer 5 kaum gelingen, sich aus der Umklammerung einer Abhängigkeit zu befreien, wenn Sie sich nicht in der Übung Nummer 4 darüber klar geworden sind, wovon Sie und warum Sie abhängig sind.

Es wäre auch nicht ohne Gefahr, sich aus der zwar vorgetäuschten, aber doch noch immer erhofften Sicherheit eines Glaubensbekenntnisses zu lösen, wenn Sie nichts besitzen, woran Sie mehr glauben, als an das, woran Sie sich bisher geklammert haben. Wer nicht an sich selbst glauben kann, sollte lieber abhängig bleiben.

»Du glaubst an Dich selbst mehr als an irgendjemand anderen.« Dieses Bekenntnis der Egoisten ist eine dieser Alternativen für jemanden, der in seinem bisherigen Glauben so enttäuscht wurde, dass er nach einer brauchbareren dauerhaften Alternative sucht.

Enttäuschte stehen immer vor einer dieser drei Alternativen:

- Verharren sie in ihrem Glaubens-Konflikt, obwohl er sie belastet und krank macht, weil sie aus Angst nichts daran ändern wollen?
- Suchen sie sich einen anderen Helfer, an dessen Ver-

sprechungen sie glauben können, wenigstens bis zur nächsten Enttäuschung?
- Bekennen sie sich zum einfachsten aller Möglichkeiten des Glaubens: den Glauben an sich selbst?

Diese Entscheidung für sich selbst, die Ihnen in Übung Nummer 2 als unbedingt notwendig empfohlen wurde, ist also die Voraussetzung dafür, die Ursache eines Konflikts »loszulassen«, um die eine oder andere Technik des Loslassens mit Erfolg anzuwenden.

Und was sind das für Techniken?

Hier sind neun Beispiele von einfachen Techniken, die wir alle längst kennen. Aber haben Sie diese eigenen Kräfte auch erkannt, genützt und trainiert, um sie jederzeit erfolgreich für die Lösung Ihrer Konflikte einsetzen zu können?

1. *Technik:* Lassen Sie die Erstarrung in der Angst los, indem Sie kräftig ausatmen und sich vorstellen, dass mit dem Atem auch die Angst Ihren Geist und Ihren Körper verlässt.
2. *Technik:* Wenn Ihnen nach Weinen zumute ist – weinen Sie so laut, so herzzerreißend und so lange, bis sich alle Spannung in Ihnen gelöst hat.
3. *Technik:* Wenn Ihnen nach Lachen zumute ist – lachen Sie drauflos, ohne sich im Geringsten darum zu kümmern, ob »man das tut«.
4. *Technik:* Wenn Sie mit jemandem über ein Problem reden wollen, das Ihnen nicht nur auf der Zunge brennt, sondern Ihr ganzes Denken irritiert – gehen

Sie entschlossen auf den zu, der mit diesem Problem zu tun hat. Und reden Sie so offen und so lange mit ihm, bis die Sache geklärt ist.

5. *Technik:* Wenn jemand mit Ihnen nicht reden will, setzen Sie sich hin und schreiben Sie sich alles von der Seele, was Sie belastet. Schreiben Sie es in ein Tagebuch, oder schreiben Sie einen Brief. Oder Sie schreiben nur ein Dutzend lose Zettel voll – und werfen sie nachher fort.
6. *Technik:* Wenn eine Unruhe in Ihnen so stark ist, dass Sie »explodieren« könnten, springen Sie auf und laufen Sie los, bis Sie müde und atemlos sind.
7. *Technik:* Befriedigen Sie ein sexuelles Bedürfnis, wenn es erwacht und wie auch immer es Ihnen möglich ist. Die »Egoisten-Bibel« vermerkt dazu: »Ein natürliches Bedürfnis, das Du lange verdrängst, belastet Dich und macht Dich krank.« Und: »Ein Bedürfnis in den Genitalien kannst Du nicht im Kopf befriedigen.«
8. *Technik:* Wenn Sie etwas Großartiges geleistet haben, und niemand lobt Sie dafür – tun Sie es selbst. Stellen Sie sich vor den Spiegel und lachen Sie sich an. Sagen Sie sich ins Gesicht, wie großartig Sie sind. Oder laden Sie sich selbst zum Essen ein und betrinken Sie sich wieder einmal richtig, wenn Ihnen danach ist.
9. *Technik:* Und dann ist da noch die »Zeit für mich«, die Grundtechnik, mit der Sie sich entspannen und zur inneren Ruhe kommen.

Wahrscheinlich wissen Sie jetzt, nachdem Sie diese Anregungen gelesen haben, nicht so recht, was Sie davon halten sollen. Vermutlich denken Sie: »Solche Binsenweisheiten wären mir selbst auch eingefallen.« Oder Sie sind enttäuscht, weil manche meinen, die besten Lösungen seien die teuersten.

Sie haben Recht: Es sind nichts anderes als Hinweise auf etwas, das jeder von uns längst weiß. Das ist allerdings nicht die Frage, um die es hier geht. Die alles entscheidende Frage lautet vielmehr: »Was haben Sie in Ihrem Leben bisher aus diesem Wissen tatsächlich für sich gemacht?«

Wie verhalten Sie sich, wenn Sie mit einem Problem konfrontiert sind und die Unruhe sich in Ihrem Denken breit macht? Welche Technik besitzen Sie, Ängste und Zweifel loszulassen? Lautet Ihre erste Überlegung: »Wer hilft mir?« Oder: »Wer ist schuld?« Oder vielleicht: »Wie flüchte ich davor? Und wenn es nur für ein paar Stunden ist?«

Die neun angeführten Beispiele natürlicher, in uns allen vorhandener Möglichkeiten, Probleme loszulassen und uns von Konflikten auf praktische Weise zu befreien, mögen Ihnen in ihrer Selbstverständlichkeit lächerlich erscheinen. Denken Sie trotzdem ein wenig darüber nach.

Es sind Möglichkeiten, für die Sie keine fremden Helfer brauchen. Sie geraten damit in keine Abhängigkeiten. Ganz im Gegenteil: Jede einzelne dieser einfachen Techniken dient zur Befreiung »aus eigener Kraft«. Und alles, was Sie von Spannungen, Konflikten und Hindernissen befreit, ist eine Voraussetzung dafür, glücklich zu sein.

Die Fähigkeit, Hindernisse loslassen zu können, ist die Voraussetzung dafür, das, was Sie glücklich macht, zuzulassen.

Erkennen Sie den Zusammenhang?

## 5
## Fassen wir zusammen, ehe Sie weiterlesen

Wenn Sie die Hindernisse aufgespürt haben, die der Erfüllung Ihres Plans im Wege stehen, werden Sie alle Ihre Probleme noch nicht lösen können. Aber niemand kann ein Problem wirklich lösen, wenn er sich ihm nicht gestellt hat. Diese Voraussetzung kennen Sie jetzt.

Sie *kennen* sie, aber natürlich wird es vermutlich noch längere Zeit dauern, bis Sie im täglichen Training damit immer besser umzugehen lernen. Wichtig ist aber, dass Sie Probleme kennen und bereit sind, sie zu lösen. Statt vor ihnen zu flüchten.

Die fünfte Übung im »Egoisten-Training« machte Sie mit den Grundtechniken der Selbst-Beeinflussung bekannt. Denn alle Pläne und Erkenntnisse nützen nichts, wenn wir nicht Techniken besitzen, sie zu verwirklichen.

Am Beispiel des Umgangs mit den Ängsten – vermutlich Ihren größten Hindernissen – erhalten Sie Anregungen, wie es möglich ist, durch regelmäßiges Training »loszulassen« und »zuzulassen«.

Versuchen Sie es. Und versuchen Sie es immer wieder. Denn: Lernen heißt, etwas, das Sie können möchten, so lange einzuüben, bis es ganz von selbst geschieht.

Der größte Feind des Trainings ist die Ungeduld.

# Sechste Übung

## Trainieren Sie Ihr neues Leben an jedem Tag, bis der Glaube an Sie selbst stärker ist als alle Ihre Zweifel

1. *Trainieren heißt, einen Wunsch so lange einzuüben, bis er sich ganz von selbst erfüllt*
2. *Wenn Sie aus Ihren Fehlern lernen, gibt es keine Niederlagen mehr in Ihrem Leben*
3. *Denken Sie immer an das große Ziel, während Sie sich in kleinen machbaren Schritten darauf zubewegen*
4. *Fünf unbezahlbare Möglichkeiten, die tägliche »Zeit für mich« als die Grundlage der Selbsterziehung zu nützen*
5. *Der Maßstab jedes Trainings ist das Ergebnis, gemessen an der Zielvorstellung*
6. *Fassen wir zusammen, ehe Sie weiterlesen*

## 1
# Trainieren heißt, einen Wunsch so lange einzuüben, bis er sich ganz von selbst erfüllt

Ist es nicht erstaunlich: Wenn von »Trainieren« die Rede ist, erwacht in den meisten von uns sofort ein instinktiver Widerstand. Die Vorstellung des Trainierens ist mit Überwindung und Zwang verbunden.

Diese Einstellung ist das Ergebnis der lebenslangen Erziehung mit Angst, Bedrohung und Zwang. Das klassische Prinzip der Pädagogik lautet: Du musst den Eigenwillen des Kindes brechen, bis es das tut, was von ihm erwartet wird.

Vermutlich denken Sie jetzt sofort: »Das mag früher einmal so gewesen sein. Heute, im Zeitalter der großen Freiheiten, ist alles ja ganz anders.« Ist es das wirklich?

- Wenn Sie spätnachts in Ihrem Auto an eine Kreuzung kommen, und die Verkehrsampel zeigt Rot, was denken Sie da? Denken Sie: »Weit und breit kein anderes Fahrzeug zu sehen, also fahre ich trotz des Rotlichts weiter. Diese Freiheit nehme ich mir. Ich bin schließlich ein selbstständig denkender Bürger«? Oder bleiben Sie wie ein dressierter Hund automatisch stehen, ohne lange darüber nachzudenken, ob Gefahr droht oder nicht?
- Wenn Sie in einem Gerichtssaal sitzen, und der Richter betritt den Raum, springen Sie da nicht wie alle anderen auf und warten, bis man Ihnen erlaubt, sich wieder

zu setzen? Oder denken Sie: »Wieso soll ich kritiklos einem Unterwerfungs-Ritual folgen, ohne selbst zu beurteilen, ob ich diesem Richter überhaupt meinen Respekt erweisen will oder nicht«?

- Wenn Sie als Untergebener in der Firma dringend zum Chef gerufen werden, sagen Sie da: »Ich habe jetzt keine Zeit, aber morgen gegen zehn Uhr schaue ich bei ihm vorbei«? Oder springen Sie dienstbeflissen auf und rennen los, um nur ja nicht zu spät zu kommen?

Das Prinzip: »Du musst den Eigenwillen des Kindes brechen, bis es das tut, was von ihm erwartet wird« steckt uns so tief in den Knochen, dass wir längst nicht mehr erkennen, wie abhängig wir von der Bevormundung sind.

Natürlich erweckt jede Unterdrückung und Selbstverleugnung in uns Widerstand. Wir ärgern uns. Wir leiden unter der Demütigung und begehren mit Worten auf. Mit Worten, oder vielleicht überhaupt nur in Gedanken. Aber wir befreien uns nicht. Und warum nicht? Weil unser Eigenwille schon längst gebrochen und die Heuchelei vom freien Bürger nichts weiter ist als der Versuch, uns über unsere Hilflosigkeit hinwegzutrösten.

Wir empfinden das lebenslange Unterwerfungs-Training als Demütigung unter Zwang, bei der wir den Trainern hilflos ausgeliefert sind. Wir lehnen uns auf, aber wir kennen keine Alternative.

Egoisten befreien sich von ihren Erziehern und ersetzen Zwang durch Lust an der Selbsterfahrung. Das »Egoisten-

Training« ist – um es ganz deutlich zu sagen – das faszinierende Abenteuer, sich selbst nach eigenen Bedürfnissen und Vorstellungen zu trainieren.

Das bedeutet: ohne Bevormundung und äußeren Zwang. Nur sich selbst verantwortlich.

Das »Egoisten-Training«, das sollten Sie verstehen, ist das Gegenteil von Auflehnung. Es ist auch kein offener Widerstand gegen die allgegenwärtigen Erzieher und ihre Drohgebärden. Es ist die ersatzlose Alternative zur Fremderziehung.

»Selbsterziehung ersetzt Schritt für Schritt die Fremderziehung, bis Du Dein ganzes Leben selbst bestimmst.« So lautet ein Trainings-Vorsatz erfahrener Egoisten. Oder, um es anders auszudrücken: »Dich selbst zu trainieren heißt, einen eigenen Wunsch so lange einzuüben, bis er sich ganz von selbst erfüllt.«

Weil wir dabei weder Kritik noch Zwang zu fürchten brauchen, gibt es auch keinen Grund, irgendjemandem gegenüber Schuldgefühle zu haben, weil wir ihn vielleicht in seinen Erwartungen enttäuschten.

Wenn unsere schlauen Lebens-Trainer durch jahrelange Bevormundung erreichten, dass wir uns unterwürfig vor Richtern verneigen, Verkehrszeichen kritiklos befolgen und widerspruchslos Befehle ausführen – warum soll es uns da nicht gelingen, unseren eigenen Wünschen zu gehorchen, indem wir uns selbst bevormunden?

- Indem wir Angst durch Freude und Lust an der Verfolgung eines Ziels ersetzen.
- Indem wir selbst die Ziele festlegen, die uns frei und glücklich machen.
- Indem wir die Zweifel an unserer Fähigkeit, alle Probleme selbst lösen zu können, durch den Glauben daran ersetzen. Indem wir immer wieder denken: »Gleichgültig, was auch passiert, ich schaffe es.«

## 2
## Wenn Sie aus Ihren Fehlern lernen, gibt es keine Niederlagen mehr in Ihrem Leben

Vielleicht interessieren Sie vier Punkte, die in der »Egoisten-Bibel« zum Thema des Trainings erwähnt werden:

1. Alles, was Du können willst, trainierst Du so lange, bis es ganz von selbst geschieht.
2. Du programmierst eine Vorstellung in Dein Unterbewusstsein, bis Du nicht mehr daran zu denken brauchst, weil es ganz von selbst geschieht.
3. Zuerst trainierst Du den Geist, dann trainierst Du den Körper. Durch das Training werden Geist und Körper eins, und Dein Körper vollzieht, was Du im Denken in Dein Unterbewusstsein programmiert hast.
4. Die größten Hindernisse des Trainierens sind Zweifel und Ungeduld. Wenn Du nicht daran glaubst, was Du erreichen willst, erreichst Du es nicht. Wenn Du es erzwingen willst, sind Geist und Körper nicht in Harmonie.

In Harmonie mit sich selbst zu sein, das ist die Voraussetzung dafür, mit irgendjemandem oder irgendetwas in Harmonie sein zu können. So lautet eine der grundlegenden Erkenntnisse im Verständnis des Egoismus.

Vielleicht ist das Trainieren der Harmonie mit sich selbst überhaupt das oberste Ziel jedes Egoisten-Trainings. Es bedeutet, eins zu sein mit einem Wunsch und allen Fähigkeiten, die notwendig sind, ihn zu erfüllen.

Um diese Einheit herzustellen, müssen wir sie so lange trainieren und im Alltag praktizieren, bis sie so selbstverständlich geworden ist wie das Bremsen im Auto vor einer Straßenkreuzung.

Wenn Sie es zulassen, dass Ihnen ein Trainer seinen Wunsch, sein Ziel und seine Vorstellung eines Weges dorthin aufzwingt – wie könnten Sie da in Harmonie mit sich sein?

Um es ganz deutlich zu sagen: Sie hassen oder fürchten den Trainer wegen des Zwanges, den er auf Sie ausübt. Sie verachten sich selbst für Ihre Unterwerfung unter den Willen eines anderen.

In dieser Disharmonie mit sich, der Aufgabe und dem Auftraggeber sollten Sie alle Ihre Energie und Konzentration dafür einsetzen können, ein Problem zu lösen:

- Wie sollten Sie einen anderen Menschen lieben können, wenn Sie sich selbst nicht lieben?
- Und wie können Sie trainieren, sich selbst zu lieben? Indem Sie in der täglichen »Zeit für mich« lernen, sich selbst wichtiger zu nehmen als irgendjemand anderen.
- Wie sollten Sie alle Ihre Freude für die Lösung einer Aufgabe einsetzen können, wenn Sie an sich zweifeln? Und der Zweifel an sich selbst ist nichts anderes als Disharmonie, die bei Ihrem Denken beginnt.

Wissen Sie, was chinesische Weise schon vor 2000 Jahren sagten? Sie sagten: »Die Disharmonie des Körpers beginnt mit der Disharmonie der Seele.«

Wenn Sie also an jedem Tag mindestens einmal die Türe zu Ihrem vernachlässigten inneren Ich öffnen, um sich selbst immer besser zu verstehen, ist es der erste Schritt, in Harmonie mit sich zu kommen.

Die Schlauen, die aus Ihrer Bevormundung profitieren, sind nicht daran interessiert, dass Sie mit sich selbst in Harmonie sind. Sie sind daran interessiert, dass Sie an sich zweifeln, damit sie Ihnen helfen und Sie von dieser Hilfe möglichst lange abhängig machen können.

Vermutlich haben die Schlauen sogar den Begriff der Niederlage überhaupt nur erfunden, um bei den Dummen Hilflosigkeit auszulösen. Zweifel und Selbstvorwürfe, weil man versagt hat. Das sind ideale Voraussetzungen für den Schlauen, einen Dummen von sich und seinem Hilfsangebot abhängig zu machen.

Und was – denken Sie jetzt vermutlich – hat Harmonie mit dem Begriff der Niederlage und der Manipulation der Dummen durch ihre schlauen Lebens-Trainer zu tun?

Die Antwort lautet: Alles.

Sieg und Niederlage gibt es gar nicht in unserem Leben. Es sind nur Begriffe, deren Bedeutung wir selbst bestimmen.

Wenn Sie sich als Sieger fühlen, weil Sie jemand anderen besiegt haben, erwecken Sie für kurze Zeit die

Bewunderung anderer Menschen. In Wahrheit jedoch stempelt sich jeder Sieger über andere ganz automatisch schon als Verlierer ab.

Oder fällt Ihnen irgendein Sieger von gestern ein, der nicht schon längst zum Verlierer von heute geworden wäre? Alexander der Große oder Hitler? Muhammed Ali oder Helmut Kohl?

Was sind Siege, und was sind Niederlagen? Gescheite sagen: »Es gibt gar keine Niederlage, wenn Du selbst nicht das, was Du tust, als Niederlage definierst.«

Sie sagen, und das sollten Sie als Ihr eigener Trainer sehr sorgfältig erwägen: »Jede Niederlage ist für Dich eine Anregung, aus einem Fehler zu lernen, wie Du es beim nächsten Mal besser machen kannst.«

Wie denken Sie als Ihr Trainer über den Vorschlag, auf eine Niederlage nicht mit Schuldgefühlen, Selbstzweifel oder Angst zu reagieren, sondern mit einem positiven Lernakt?

Ein positiver Lernakt, das bedeutet:
- Die Ursache eines Fehlers zu erkennen.
- Sich dafür selbst verantwortlich zu fühlen, statt sie anderen Leuten oder Umständen in die Schuhe zu schieben.
- Die Fähigkeit dazuzulernen, die uns für den Erfolg gefehlt hat.
- Den richtigen Zeitpunkt abzuwarten, um mit dem

Glauben daran den neuen Versuch zu starten, dass wir es diesmal schaffen werden.

Und wenn wir es wieder nicht schaffen?

Nun, wenn Sie beschlossen haben, dass es in Ihrem Leben keine Niederlage gibt, sondern nur den positiven Lernakt aus Ihren Fehlern, dann werden Sie so lange von vorne beginnen, bis Ihr Vorhaben gelingt.

Sie wissen ja: »Alles, was Du können willst, trainierst Du so lange, bis es ganz von selbst geschieht.«

## 3
## Denken Sie immer an das große Ziel, während Sie sich in kleinen machbaren Schritten darauf zubewegen

Unter Gescheiten ist die Vorstellung von den »Zwei Ich« weit verbreitet. Sie sprechen vom »Entscheider-Ich«, das in Harmonie mit dem »Zweifler-Ich« gebracht werden soll, damit Idee und Handlung eins werden. Wenn andererseits von einem »Dialog mit sich selbst« die Rede ist, setzt dies ebenfalls voraus, dass ein Ich mit einem zweiten Ich kommuniziert.

Im täglichen Training der Fähigkeiten, in Harmonie mit sich selbst zu gelangen und einen vorgezeichneten eigenständigen Lebensweg zu gehen, kann diese Zwei-Ich-Strategie eine sehr hilfreiche Funktion erfüllen.

Wir alle leben in zwei Welten: In der Realität des Alltags, in die wir hineingeboren und hineinerzogen werden, und mit der wir auf irgendeine Weise täglich zurechtkommen müssen. Und in der Welt des Traums, uns aus den Zwängen zu befreien, um so zu sein, wie wir wirklich sind.

Letzten Endes besteht unser ganzes Leben darin, diese beiden Welten in Einklang zu bringen.

Mit nichts anderem beschäftigt sich das »Egoisten-Training«. Es ist eine Strategie, die bewährten Methoden der Fremderziehung dafür einzusetzen, sich selbst zu dem Menschen zu erziehen, der man sein möchte.

Mit zwei entscheidenden Unterschieden:
*Erstens:* In der Selbsterziehung finden Sie Ihre eigenen Maßstäbe, bestimmen Ihre eigenen Ziele und Vorstellungen und sind niemandem verantwortlich als sich selbst.
*Zweitens:* Sie ersetzen die Fremderziehung mit Angst und Bedrohung durch die Selbsterziehung zum Glauben an sich, damit Sie auf niemand anderen mehr zu hoffen und an ihn zu glauben brauchen.

Der Erfolg von allem, was wir im Leben aus eigener Kraft erreichen wollen, hängt von drei Faktoren ab:

- Wir wissen, was wir wollen, und träumen Tag und Nacht davon, dass wir es erreichen werden.
- Wir eignen uns die Fähigkeiten an, die notwendig sind, um ans Ziel zu gelangen.
- Wir besitzen einen Halt, an dem wir unseren Glauben festmachen können, wenn er durch Ängste, Zweifel und Ungeduld gefährdet ist.

Die Gescheiten sagen: »Der Glaube beginnt bei Deinem Denken. Deshalb schaffst Du in Deinem Lebensplan den Anker, nach dem Du immer und überall greifen kannst, um geborgen zu sein.«

Für viele besteht dieser Halt in einem aufgeschriebenen Programm, in dem sie täglich lesen, um ihre beiden Ich in

Einklang zu bringen: Das aufgeschriebene Ideal-Bild des Ich, wie Sie sein möchten – das Sie täglich mit dem Ich vergleichen, das an jedem Tag mit der Realität des Lebens konfrontiert ist.

Mit anderen Worten: Sie vergleichen das große Ziel Ihres Lebens, die Vision Ihres Ich, mit den kleinen Schritten eines Tages auf dem Weg dorthin.

Weil die sieben Übungen des »Egoisten-Trainings« ein integriertes Programm darstellen, setzt diese Technik des täglichen Trainings von Freiheit und Glück voraus, dass Sie zwei Übungen einbeziehen:

- Sie haben bereits für sich einen eigenen Lebensplan erstellt, wie er in der dritten Übung angeregt wird.
- Sie nehmen sich an jedem Tag mindestens einmal eine Viertelstunde Zeit für sich, um Ihre Ziele mit der Realität zu vergleichen und immer wieder neue Zusammenhänge und Hindernisse zu erforschen.

Dieses tägliche Training des Vergleichens der kleinen Schritte des täglichen Handelns mit dem großen Ziel entspricht einer der Zielsetzungen des »Egoisten-Trainings«. Sie lautet: Sammeln Sie immer neue Erfahrungen über sich, indem Sie selbst planen, selbst entscheiden, sich selbst motivieren und kontrollieren.

Auf diese Weise brauchen Sie sich nicht mehr den Erfahrungen eines Trainers anzuvertrauen, damit er Sie so trainiert, wie er es für richtig hält. Sie vertrauen sich selbst, finden die für Sie besten Methoden der Selbstbeeinflussung und motivieren sich immer wieder neu durch den Glauben an sich.

# 4
# Fünf unbezahlbare Möglichkeiten, die tägliche »Zeit für mich« als die Grundlage der Selbsterziehung zu nützen

Es mag für Sie unglaubwürdig klingen in dieser Zeit, in der viele Menschen die Dinge des Lebens nur dann respektieren, wenn sie möglichst kompliziert und teuer sind: Aber der Schritt aus den Zwängen der Bevormundung zum selbstbestimmten Leben beginnt bei der einfachen Entscheidung: »Ich nehme mir täglich Zeit für mich.«

- Sie brauchen dazu niemanden. Nur den eigenen Zugang zu Ihrem Denken und Entscheiden.
- Es hängt allein von Ihnen ab, wann, wo und wie Sie sich diese Zeit nehmen.
- Sie machen sich damit von niemandem abhängig, weil Sie Ihr eigener, selbstverantwortlicher Trainer sind.
- Es kostet Sie nichts.

Alles, was Sie dazu benötigen, um sich auf den Weg zu Freiheit und Glück aus eigener Kraft zu begeben, besitzen Sie bereits. Die Natur hat es Ihnen kostenlos zur Verfügung gestellt. Vielleicht ruht es nur in Ihnen. Verborgen, unterdrückt, vernachlässigt, missachtet. Aber es ist da. Es liegt an Ihnen, es zu entdecken und für sich zu nützen.

Die wichtigste Voraussetzung dafür ist die »Zeit für mich«. Die Zeit an jedem Tag, in der Sie die Fähigkeiten trainieren, ein freier, glücklicher, mündiger Mensch zu werden.

Die tägliche »Zeit für mich« ist die Drehscheibe, an der sich entscheidet, ob es Ihnen gelingt oder nicht. Sie ist die Grundlage des Trainings. Wenn es Ihnen nicht wert ist, an jedem Tag Zeit für sich zu finden, haben Sie die Bedeutung des Egoismus nicht erkannt. Vielleicht werden Sie auf irgendeine Weise im Leben glücklich. Aber Sie werden nie eine freie, selbstgelenkte Persönlichkeit sein.

Was immer Sie bisher in Ihrem Leben gelernt haben, wurde Ihnen von anderen vorgegeben. Die Semester des Studiums, die Zeit der Lehre und der Weg durch die Instanzen, die berufliche Karrieren erfordern.

Ist es nicht eine faszinierende Vorstellung, das höchste Ziel des Lebens, ein freier und aus eigener Kraft glücklicher Mensch zu sein – ganz allein nach eigenen Vorstellungen zu erreichen?

Aus eigener Kraft – das bedeutet, dass wir diese eigenen Kräfte entdecken und perfektionieren. Genauso, wie wir uns ein Leben lang bemühen, alles das zu beherrschen, was man uns als erstrebenswert eingelernt hat: ein fleißiger, guter, gehorsamer, strebsamer, wohlhabender, respektierter Bürger zu sein, der sich so verhält, wie es von ihm erwartet wird.

Aus eigener Kraft – das bedeutet, sich unsere inneren Kräfte bewusst zu machen, ehe wir lernen können, sie zu perfektionieren.

Das Instrument, diese Kräfte in uns aufzuspüren und davon Gebrauch zu machen, ist – das kann nicht oft genug betont werden – die »Zeit für mich«.

Die »Zeit für mich«, das ist die tägliche Entscheidung: »Jetzt lasse ich mein äußeres Leben los und entspanne mich an einem ruhigen Platz. Ich schließe die Augen und mache einige tiefe Atemzüge. Ich verfolge den Atem mit meinen Gedanken bis zum Nabel und stelle mir vor, wie mich beim Ausatmen alles verlässt, was mich belastet und krank macht.«

Körperbewusste Menschen mögen sich in die Kraftkammer begeben, um dort – gestylt, wie es der zeitgemäßen Mode entspricht – ihre schweißtreibenden Übungen zu absolvieren. Golfer werden – nicht minder gestylt – ehrgeizig ihre Runden ziehen, um ihr eigenes Handicap mit dem anderer Leute zu vergleichen. Glücksspieler brauchen das Casino oder das Fernseh-Lotto, Politiker die Fernseh-Talkshow, in der sie sich profilieren können.

Der freie Gescheite braucht nichts und niemanden, nur sich selbst und seine Entscheidung: »In mir ist alles, was ich brauche – und ich nütze es.«

Alles, was Sie brauchen, ist die Zeit und das Wissen, wie Sie diese »Zeit für mich« nützen können. Gescheite kennen und nützen diese Zeit auf fünffache Weise:

1. Als Technik der Entspannung in Situationen der extremen Belastung. Wenn jemand versucht, einen Gescheiten zu einer unüberlegten Entscheidung zu

drängen, wird er sich an seinen Vorsatz erinnern: »Du entscheidest nicht aus Ungeduld, Angst oder wenn andere Dich drängen. Es ist besser, auf etwas zu verzichten, als Dich drängen oder erpressen zu lassen.«

2. Als ein Instrument, im Zustand der Innenschau im Gestern nach Hindernissen zu suchen, die seinem Glück von heute noch immer im Wege stehen. Und sie sich bewusst zu machen.
3. Der Zustand der Entspannung ist die beste Voraussetzung für alle Techniken der Selbstlenkung. Sie können mit dem Einatmen in Ihrer Fantasie die Kraft des Kosmos in Ihren Geist lenken. Oder Sie stellen sich vor, wie Sie beim Ausatmen alle Ihre Ängste und Belastungen loslassen. Oder, wie es in der »Egoisten-Bibel« heißt: »Du läßt alles los, was Dich belastet und krank macht. Du läßt alles zu, was Dich frei und glücklich macht. Du machst Dich vom Handeln frei, um zu denken. Du machst Dich vom Denken frei für das Nicht-Denken. Im Nicht-Denken entsteht die Kraft der Intuition, und die Lebensenergie des Kosmos kann Dich durchströmen.«
4. Wenn Sie sich in der täglichen »Zeit für mich« von der Außenwelt zurückziehen, können Sie in Ihr Unterbewusstsein beharrlich das Ich programmieren, das Sie sein wollen. Sie stellen es sich immer wieder vor, Sie suggerieren es sich täglich, bis diese Vision Ihres Ich sich Schritt für Schritt realisiert. Vielleicht nicht schon morgen. Aber irgendwann einmal, wenn durch beharrliches Training Vision und Handeln eins geworden sind.

5. Wenn Sie sich an jedem Tag für einige Zeit in sich selbst zurückziehen, ist es die beste Gelegenheit, sich immer wieder zu fragen:
   - Wer bin ich wirklich?
   - Was will ich wirklich?
   - Was macht mich wirklich glücklich?
   - Oder: Warum habe ich heute getan, was ich getan habe – und wie kann ich es morgen besser machen?

Die tägliche »Zeit für mich« als vielfach verwendbares Instrument auf dem Weg zurück zu sich selbst. Ist das nicht eine einfache, erstaunliche Alternative zur Abhängigkeit von den aufdringlichen Angeboten, mit denen die Schlauen die Masse der Dummen für ihre Zwecke manipulieren?

## 5
## Der Maßstab jedes Trainings ist das Ergebnis, gemessen an der Zielvorstellung

Unter dem Druck der Erwartungen und Anforderungen unserer Umwelt, denen wir permanent ausgesetzt sind, haben sich Dumme und Schlaue zu Meistern der Selbstverleugnung entwickelt. Sie leben in so hohem Maße angepasst, dass Sie alle individuellen Lebensvorstellungen aufgegeben haben und nur mehr so sein wollen, wie es ihrer Gruppe, dem Trend der Zeit oder den Vorgaben von Autoritäten und so genannten Opinionleaders entspricht.

Dieses Phänomen ist so alt wie die Zeitspanne, seit die Schlauen den Dummen einzureden begannen, dass sie anders sein müssten, als sie tatsächlich sind.

Bezeichnend dafür sind einige Anmerkungen in der »Egoisten-Bibel« über die Einstellung zu den Themen »Gesellschaft, Moral und Kultur«.

Da heißt es:

- Moral ist ein bewährter Vorwand für das manipulative Spiel mit den Gläubigen, die keine eigenen Maßstäbe für sich haben.
- Die Maßstäbe der Moral werden von ihren Nutznießern so hoch gesteckt, dass keiner, der sich ihnen unterwirft, sie erfüllen kann. Das macht ihn zum dauernden Verlierer im manipulativen Spiel des Lebens. Wer nach

seinen eigenen Maßstäben lebt und an sich glaubt, kann mit Schuldgefühlen nicht erpresst werden.

Wer versucht, allen Anforderungen der Gesellschaft, des Staates, seiner Gruppe und Institutionen der Moral gerecht zu werden, hat nur eine Chance, heil davonzukommen: Er zieht sich in die Scheinwelt der Heuchelei zurück:

- Er erklärt sich zum Gutmenschen, der von seiner eigenen Unzulänglichkeit ablenkt, indem er von anderen fordert, was er selbst nicht erfüllen kann.
- Er erwirbt sich eine Position der Autorität, von der aus er andere erniedrigen kann, um sich damit selbst zu erhöhen.
- Er flüchtet sich in einen geschützten Bereich, etwa in den der Kunst, in dem er sich nach Bedarf auf das Argument zurückziehen kann: »Ich mache Kunst, wer mich nicht versteht, ist eben nicht gescheit genug.«
- Er zieht sich in die Position der eigenen Hilflosigkeit zurück und hofft auf das Mitleid anderer.

Es ist sehr wahrscheinlich, dass sich die meisten Menschen in unseren Gesellschaften in eine Scheinwelt zurückgezogen haben, in der nichts so ist, wie es wirklich ist, sondern so, wie sie es sich selbst und anderen einreden.

Gescheite sagen: »Der wahre Fortschritt unserer Zeit besteht in der Rückkehr zu sich selbst.« Es besteht nicht der geringste Zweifel daran, dass diese fundamentale Einsicht nur bei ganz wenigen Menschen auf Verständnis stoßen wird. Es sind die Wenigen, denen es nicht genügt, ein Leben aus zweiter Hand zu leben – sondern ihr eigenes.

Es sollte Bestandteil Ihres täglichen Trainings sein, immer besser den Schein vom Sein zu unterscheiden, ehe Sie Entscheidungen für Ihr Leben fällen.

Der Maßstab dieser Überprüfung ist einfach. Er lautet: »Was letzten Endes in meinem Leben zählt, ist das Ergebnis meines Bemühens im Vergleich zu dem, was ich erreichen wollte.«

Das setzt voraus, dass Sie ein Ziel besitzen und einen Plan, wie Sie es erreichen können. Denn nur das verhindert, dass Sie der Versuchung unterliegen, mit einem Scheinergebnis zufrieden zu sein.

Wenn Ihnen diese Anmerkung zu theoretisch erscheint, hier sind einige sehr praktische alltägliche Vernebelungs-Argumente:

- Ich wollte ja, aber man ließ mich nicht.
- Ich hatte die besten Absichten, aber ich bin einem Bluffer aufgesessen.
- Ich war schon fast am Ziel, aber meine Partner haben mich im Stich gelassen.
- Ich war von Anfang an skeptisch. Und wie sich zeigt, habe ich Recht behalten.
- Ich habe meinem Partner vertraut, aber er hat mich zutiefst enttäuscht.
- Unsere Liebe ist so stark, dass nichts uns trennen wird.
- Ich habe leider immer Pech.

Lassen Sie es uns ganz deutlich sagen: Wer als Egoist frei und glücklich sein will, darf keine wie immer geartete Entschuldigung zulassen. Denn bei ihm selbst beginnt alles und endet alles. Er hat seine Ziele selbst festgelegt und trägt allein die Verantwortung dafür, ob er sie erreicht oder nicht.

Damit Sie bei der Lösung einer Aufgabe das Ziel immer vor Augen haben, sollten Sie es von Anfang an schriftlich und so konkret wie möglich definieren.

## 6
## Fassen wir zusammen, ehe Sie weiterlesen

Die sechste Übung des »Egoisten-Trainings« ist der eindringliche Versuch, Sie zur täglichen Beschäftigung mit sich selbst zu ermutigen.

Persönliche Freiheit und Glück kann Ihnen niemand geben. Sie können es nicht kaufen. Es gibt sie auch nicht auf Krankenschein.

Es gibt nur einen Weg: Sie verankern Ihr Ziel immer stärker in Ihr Unterbewusstsein, bis der Glaube alle Zweifel besiegt. Vergessen Sie nicht: Sie sind so, wie Sie denken, und Sie werden so, wie Sie immer wieder denken.

Immer wieder, das bedeutet: Trainieren Sie Ihre Selbstverwirklichung täglich mindestens einmal mit Hilfe der gezielt gelenkten Wiederholungsformeln und Ihren positiven Vorstellungen.

## Siebente Übung

# Kontrollieren Sie Ihr Denken und Handeln selbst, damit Sie aus Erfolgen und Fehlern lernen können

1. *Wer keinen eigenen Plan besitzt, ist von Lob und Kritik anderer abhängig*
2. *Jede erfolgreiche Selbst-Kontrolle beginnt mit dem Wort »Warum?«*
3. *Wenn Sie sich ohne Zögern dem Ergebnis Ihres Handelns stellen, sparen Sie die Zeit, um nach Ausreden zu suchen*
4. *Zehn »Wahrheiten« unserer Erziehung, denen Sie auf den Grund gehen sollten*
5. *Warum alle sieben Übungen des »Egoisten-Trainings« nur gemeinsam eine sinnvolle Strategie der Veränderung ergeben*
6. *Fassen wir zusammen, ehe Sie dieses Buch aus der Hand legen*

## 1
## Wer keinen eigenen Plan besitzt, ist von Lob und Kritik anderer abhängig

Das Wesen jeder Art von Unterdrückung besteht im Zusammenwirken zwischen Geboten und Verboten und der Kontrolle ihrer Einhaltung. So sind wir erzogen worden, und wenn wir uns nicht eines Tages aus diesem System befreien, bleiben wir ein Teil des Spiels, das die Schlauen mit den Dummen treiben.

Kontrolle ist das Instrument zur Ausübung von Macht. Sie beginnt bei dem drohenden Satz »Der liebe Gott sieht alles« und endet bei der Vision in George Orwells Buch »1984« von der totalen Kontrolle des Einzelnen durch den Staat.

Jede Kontrolle ist immer mit der Angst verbunden, erwischt und bestraft zu werden, wenn man die Gebote und Verbote nicht befolgt, mit denen andere unser Leben bestimmen.

Zu den raffinierten Tricks, mit denen die Angst am Leben erhalten wird, gehört das Prinzip von Lob und Tadel. Es baut auf die Sehnsucht der meisten Menschen nach Beachtung und Anerkennung. Und weil sie sich selbst weder lieben noch wertschätzen, erhoffen sie die Befriedigung dieses Bedürfnisses von anderen.

Das ist eine ideale Voraussetzung für Manipulation:

- Manche Menschen sind so sehr auf Titel, Orden und öffentliche Beachtung süchtig, dass sie bereit sind, sich sogar den dümmsten Forderungen zu unterwerfen.
- Aus Angst vor Strafe verleugnen viele ihre schönsten Träume, weil sie sich im Schutz der genormten Gesellschaft besser fühlen als in ihrer eigenen Haut.

Längst empfindet die Mehrheit ihre umfassende Kontrolle nicht mehr als Unterdrückung, sondern als eine Art von Geborgenheit. Es ist ihre Form von Glücklichsein, für die sie ihre individuelle Freiheit verpfänden.

Es gibt nur einen Weg, sich aus der Abhängigkeit der Fremdkontrolle zu befreien: Wir bestimmen unsere Maßstäbe und kontrollieren sie selbst.

Sich selbst zu kontrollieren bedeutet: Wenn ich nach meinen eigenen Bedürfnissen und Maßstäben lebe und mein eigener Lebens-Trainer bin, brauche ich niemanden mehr, der mir sagt, was falsch und richtig ist.

- Die Hoffnung auf fremdes Lob fällt weg, weil ich meine Leistungen selbst kontrolliere und am besten weiß, was mir gelungen ist und was nicht.
- Die Angst vor fremder Kritik fällt weg, weil ich meine Fehler nicht verberge, sondern mich ihnen bewusst stelle, um zu erkennen, was ich nächstes Mal besser machen werde.

Wie Sie sehen, reduziert sich alles Training immer wieder auf die alles entscheidende Frage: »Genügt mir ein Leben, in dem ich von Lob und Kritik anderer abhängig bin? Oder will ich ein freier Mensch sein, der weiß, was er will, und es selbst beurteilt?«

## 2
## Jede erfolgreiche Selbst-Kontrolle beginnt mit dem Wort »Warum?«

Erinnern Sie sich an die Behauptung: »Du bist so, wie Du denkst, und wirst so, wie Du immer wieder denkst«? Das ist das Ziel jeder Selbst-Kontrolle: Uns bewusst zu machen, wie wir denken und warum wir so denken und handeln, wie wir es tun.

*Fremd-Kontrolle* ist verbunden mit der Angst, wir könnten bei der Überprüfung durch die schlauen Kontrolleure nicht den Anforderungen gerecht werden, die sie für uns festgelegt haben. Wohlgemerkt: Sie haben sie für uns festgelegt. Ohne auf unsere individuellen Bedürfnisse die geringste Rücksicht zu nehmen.

Mit der *Selbst-Kontrolle* messen wir das Ergebnis unseres Denkens und Handelns nicht nach fremden Maßstäben und Zielsetzungen für unser Leben, sondern nach unseren eigenen.

Natürlich werden wir trotzdem täglich Kompromisse schließen, auf andere Leute Rücksicht nehmen und uns Zwängen unterwerfen. Aber ein überzeugter Egoist wird immer wissen, *warum* er es tut.

Wenn Sie wissen, warum Sie etwas tun – weil Sie ein großes Ziel für Ihr Leben besitzen –, wird es Ihrem Handeln einen Sinn geben. So können Sie sich vielleicht heute einer nachteiligen Forderung unterwerfen, weil es Ihnen dazu dient, Ihrem Ziel von morgen näher zu kommen.

Oder, wie es an einer Stelle der »Egoisten-Bibel« heißt: »Du reifst durch das Glück, aber genauso durch das Unglück. Wenn Du nicht unglücklich warst, kannst Du nicht glücklich sein. Du reifst durch die Abhängigkeit für die Freiheit. Du hörst nie auf, vom einen für das andere zu lernen.«

Die Selbst-Kontrolle beginnt in dem Augenblick, in dem Sie vor einer Entscheidung stehen und sich fragen:

- *Warum* soll ich es tun?
- Was nützt es oder schadet es mir?
- Ist mir der Verzicht auf einen kleinen Sieg wichtiger als der kleine Verzicht für einen großen Sieg?
- Unterwerfe ich mich heute, weil ich noch nicht frei genug bin, »Nein« zu sagen? Oder unterwerfe ich mich, weil ich kein Ziel besitze, für das es sich zu verzichten lohnt?

Alles hängt davon ab, ob Sie Ihr Handeln selbst kontrollieren oder ob Sie es den Chefs und Autoritäten, den Wissenden, Mächtigen und all den anderen Schlauen überlassen, Sie zu kontrollieren.

Das einfache Instrument, mit dem Sie darüber entscheiden können und das Sie jederzeit zu Ihrer Verfügung haben, ist dieses eine kleine Wort »Warum?«

- Warum tue ich das, was ich tue? Ist es aus Gefälligkeit,

aus Angst oder um nach Lob zu heischen oder Kritik zu vermeiden?
- Warum will ich, was ich will? Ist es, um ein eigenes Bedürfnis zu befriedigen? Oder ist es nur ein Ersatz, weil mir der Antrieb fehlt, mein Leben aus erster Hand zu leben?
- Warum habe ich etwas getan, obwohl ich mir von Anfang an im Klaren war, dass es mir mehr schaden als nützen würde?
- Warum habe ich auf andere mehr Rücksicht genommen als auf mich selbst und meine eigenen Gefühle und Wünsche?

Wenn Sie sich die Frage nach dem »Warum« stellen, ist dies der wichtige Anfang für den Dialog mit sich selbst.

Sie fragen nicht mehr andere: »Was darf ich? Was ist gut oder schlecht? Was ist erlaubt oder verboten?« Sie beginnen, darüber nachzudenken, warum das, was Ihre allgegenwärtigen Lebens-Erzieher von Ihnen fordern, richtiger sein sollte als das, was Sie selbst als richtig erkannt und beschlossen haben.

Gescheite sind überzeugt: »Eine Frage öffnet das Tor zum anderen, eine Behauptung verschließt es.«

Wenn Sie darauf beharren, dass nur Sie Recht haben, und der andere ist im Unrecht, wird der Dialog mit ihm sehr schnell zu Ende sein. Wenn Sie ihm eine Frage stellen, halten Sie das Tor zu ihm offen, und es wird ein Dialog entstehen, aus dem Sie vielleicht lernen können, dass es auch noch eine andere Wahrheit gibt als Ihre eigene. Sie werden sie kennen lernen. Auch wenn Sie selbst an eine ganz andere Wahrheit glauben.

Was für den Dialog mit anderen gilt, gilt natürlich auch für Sie selbst:

- Wenn Sie eine Niederlage erleiden und nehmen die Enttäuschung und die Kritik anderer als Maßstab Ihrer Leistung an, werden andere über Ihr Befinden entscheiden. Und warum? Weil Sie auf das Urteil anderer hörten, statt im Dialog mit sich selbst Ihren eigenen Standpunkt zu finden.
- Wenn Sie eine Niederlage erleiden, aber Sie fragen sich ohne Zögern selbst »Warum?«, beginnen Sie damit ohne Umwege mit den Überlegungen, wie Sie begangene Fehler in Zukunft vermeiden können.

Sie selbst werden auf diese Weise zu Ihrer eigenen Kontrollinstanz und überlassen es nicht mehr anderen, Ihr Handeln zu bewerten.

## 3
## Wenn Sie sich ohne Zögern dem Ergebnis Ihres Handelns stellen, sparen Sie die Zeit, um nach Ausreden zu suchen

Sie wissen es ja längst: Wir leben in zwei Welten. In der Welt unserer unerfüllten Hoffnungen und in der Welt der brutalen Realität des Alltags.

Sie hassen Ihren Partner, aber Sie hoffen, dass sich alles schon irgendeinmal irgendwie zum Besseren ändert. Auch wenn Sie sich schließlich von ihm trennen, hoffen Sie weiter, dass der nächste Partner alle die Hoffnungen erfüllt, mit denen Sie bei Ihrem ersten gescheitert sind.

Auf diese Weise machen unendlich viele Menschen die meisten ihrer Fehler immer wieder. Sie lernen nicht daraus, weil sie sich nie dazu entschließen konnten, für sich selbst zu denken. Bis sie schließlich resignieren und sich dem System der Unterwerfung anvertrauen, in dem andere ihr Leben bestimmen.

Wenn Sie zu diesen Menschen gehören, hier ein guter Rat: Finden Sie sich damit ab. Aber tun Sie es in Demut und ohne dagegen aufzubegehren. Unterwerfung kann Sie glücklich machen. Aber das Glück ist in dem Augenblick zu Ende, wenn Sie beginnen, Ihre Entscheidung infrage zu stellen.

Es mag erstrebenswert sein, zu den Gescheiten zu gehören. Aber wenn Sie nicht daran glauben – wirklich *glauben* –, dass nur Egoisten auf lange Sicht frei und glücklich sein können, sollten Sie mit dem zufrieden sein, was Sie sind.

Glaube ist, und das ist so wichtig, dass es nicht oft genug gesagt werden kann – Glaube ist der Sieg über den Zweifel.

Es ist nicht wichtig, woran Sie glauben. Wichtig ist allein, dass Sie niemals daran zweifeln. Denn – um noch einmal die »Egoisten-Bibel« zu zitieren: »Wenn der Zweifel beginnt, ist der Glaube zu Ende.« Und es gibt keinen stärkeren Antrieb in Ihrem Leben als den Glauben daran, sich aus eigener Kraft als die Persönlichkeit erfüllen zu können, die Sie wirklich sind.

*Aus eigener Kraft.*

Wissen Sie, was diese drei Worte für Sie bedeuten können? Sie bedeuten:

- Sie glauben an sich selbst mehr als an irgendjemand anderen.
- Sie übernehmen für Ihr Denken und Handeln selbst die Verantwortung und überlassen Sie niemand anderem.
- Und Sie stellen sich Ihrem Denken und Handeln, damit Sie sich ungezählte Stunden und Tage ersparen, die andere Leute vergeuden, um nach Erklärungen, Entschuldigungen und Schuldzuweisungen zu suchen.

Vor welche Entscheidung Ihr tägliches Leben Sie auch stellen mag, bewusst oder unbewusst wird es immer die Entscheidung sein: »Unterwerfe ich mich der Bevormundung durch andere oder entscheide ich so, wie es meinen eigenen Maßstäben und Bedürfnissen entspricht?«

Unterwerfung oder eigene Entscheidung. Abhängigkeit oder Freiheit. Schuldbewusstsein oder Selbstbewusstsein. Das sind die Alternativen, die darüber befinden, ob Sie zu den Dummen, den Schlauen oder Gescheiten gehören – oder gehören wollen.

Vielleicht fragen Sie jetzt: »Welche Rolle spielen die Schlauen eigentlich in diesem ewigen manipulativen Spiel des Lebens?«

Nun, die Schlauen sind die bedauernswerteste Klasse unserer Gesellschaft. Sie sind nicht gutgläubig genug, um sich naiv für eine Sache opfern zu können. Sie sind nicht nur von der eigenen Hoffnung abhängig, sondern auch von der Hoffnung, mit der sie die Dummen manipulieren. Vor allem aber sind sie so sehr mit der Manipulation anderer beschäftigt, dass sie keine Zeit haben, über sich selbst nachzudenken.

# 4
# Zehn »Wahrheiten« unserer Erziehung, denen Sie auf den Grund gehen sollten

Die »Egoisten-Bibel« enthält zahlreiche Hinweise über den Begriff der Wahrheit. Es heißt dort etwa: »Es gibt für Dich nur eine Wahrheit: Deine eigene Wahrheit. Wenn Du die Wahrheit anderer zu Deiner Wahrheit machst, bist Du davon abhängig und gibst Dir eine Blöße im manipulativen Spiel des Lebens.«

An anderer Stelle findet sich die Anmerkung: »Du darfst alle belügen, nur niemals Dich selbst. Aber wenn Du Deiner eigenen Wahrheit folgst, kann nichts, woran Du selbst glaubst, eine Lüge sein.«

So philosophisch Zitate wie diese auch klingen mögen, sie sind ein sehr praktischer Hinweis darauf, anerzogene Verhaltensnormen immer wieder neu zu überprüfen:

- Was ist die Wahrheit?
- Gibt es sie überhaupt?
- Wer bestimmt, was meine Wahrheit ist?
- Was ist Lüge?
- Warum fühle ich mich schuldig, wenn ich nicht das sage, was von mir erwartet wird?
- Was ist meine eigene Wahrheit?
- Warum habe ich noch nie meine Wahrheit höher eingeschätzt als die Wahrheiten, die man mir anerzogen hat?

Selbst-Kontrolle heißt, nie wieder aufzuhören, sich selbst Fragen zu stellen und nach eigenen Antworten zu suchen. In diesem Dialog mit sich – wenn Sie an jedem Tag mindestens eine Viertelstunde lang nach innen statt nach außen schauen – werden Sie die Lösung für alle Ihre Probleme finden. Vielleicht nicht sofort. Aber mit Sicherheit, wenn Sie lange genug danach suchen.

Auf Bemerkungen wie: »Du darfst alle belügen, nur niemals Dich selbst« werden Sie vermutlich instinktiv mit Vorbehalten reagieren. Das ist verständlich. Schließlich haben wir lange genug gelernt, dass nur Schlaue die Wahrheit kennen, an der wir unser eigenes Denken und Handeln zu messen haben.

Mit anderen Worten: Die angeblichen, von anderen für uns festgelegten Wahrheiten sind eines der wirksamsten Instrumente, mit denen unsere Bevormundung vorangetrieben wird.

Wenn solche »Wahrheiten« ein Instrument der Manipulation darstellen, dann sind die Autoritäten ihre Benützer.

Oder denken Sie, es ist ein Zufall, dass es zur Standard-Floskel der Information gehört, wenn es heißt, eine Sache sei nur dann richtig, wenn sie »wissenschaftlich erwiesen« oder »klinisch überprüft« sei?

Wissenschaftler und Politiker, Gurus, Erzieher und alle anderen Schlauen haben zu allen Zeiten raffiniert und eindringlich ihre Botschaften als Wahrheiten verkleidet, damit die Masse der Dummen sie nicht als manipulative Lügen erkennt.

Hier sind zehn dieser »Wahrheiten«, an denen Sie überprüfen können, ob Sie sich mit Schlagworten täuschen lassen. Oder ob Sie sie durchschauen:

- Das Schlagwort von der Liebe der Menschen füreinander, die stärker ist als alles Böse.
- Das Schlagwort von der Solidarität, das die dummen Reichen ermuntert, für die Armen irgendwo in der Welt ein kleines sinnloses Opfer zu bringen, um ihr eigenes Schuldgefühl zu beschwichtigen.
- Das Schlagwort vom Frieden in der Welt, den angeblich alle wollen. Der sich allerdings seltsamerweise trotzdem nie erfüllt.
- Das Schlagwort vom Fortschritt, der den Wohlstand schafft, den wir alle nicht brauchten, wenn wir uns mit dem Notwendigen begnügten.
- Das Schlagwort von der Gerechtigkeit, die immer auf der Seite der Schlauen ist, die sich den besseren Anwalt leisten können.
- Das Schlagwort von der Sicherheit, die es niemals geben kann, weil sonst alle, die dafür sorgen sollen, ihre Jobs verlieren würden.
- Das Schlagwort vom gesunden Leben, an dem niemand interessiert ist, der davon lebt, dass die Krankheit immer teurer wird.
- Das Schlagwort von der Freiheit, die nichts anderes ist als eine vergebliche Hoffnung in einer Zeit, in der die Menschen mit immer perfekteren Methoden bevormundet werden.

- Das Schlagwort von der Moral, der sich die Moralisten bedienen, um anderen ihre Maßstäbe aufzudrängen.
- Das Schlagwort von der Demokratie als Schmeichelei für die Dummen, damit sie glauben, sie dürften ihre Staaten mitregieren.

Zehn »Wahrheiten«, die zu den täglichen Selbstverständlichkeiten gehören. Sie täuschen Realitäten vor, die tatsächlich nur Versprechungen und Hoffnungen sind. Wer erfüllt sie uns? Wem nützen sie? Haben sie uns bisher frei und glücklich gemacht? Oder gibt es auf solche Fragen wirklich nur die eine Entscheidung, die Egoisten für sich gelten lassen: Aus eigener Kraft an jedem Tag des Lebens so frei und glücklich zu sein, wie es einem möglich ist.

Wenn die erste Übung des »Egoisten-Trainings« darin besteht, uns bewusst zu machen, wer wir wirklich sind und was uns frei und glücklich macht, dann ist die letzte Übung die Kontrolle, ob wir an jedem Abend dem Ziel einen Schritt näher gekommen sind, das wir uns am Morgen gesteckt haben.

# 5
# Warum alle sieben Übungen des »Egoisten-Trainings« nur gemeinsam eine sinnvolle Strategie der Veränderung ergeben

Wir leben in einer Periode der Ungeduld und der Spezialisierung. Kaum jemand nimmt sich Zeit und die Möglichkeit, sein Leben als eine Art von Gesamt-Kunstwerk der Natur zu betrachten.

Jeder von uns ist ein einmaliges Exemplar von Mensch, wie es kein zweites in der Welt gibt. Haben Sie sich selbst schon einmal so betrachtet?

Warum sollten Sie auch, unter dem Einfluss von Ungeduld und Vermassung, in der unangepasste Individualisten nicht in das Schema passen, das die Kaste der Schlauen für die Masse der Dummen vorgesehen hat. Um sie noch schneller und profitabler manipulieren zu können.

Das Wesen dieses Schemas besteht darin, dass der Einzelne immer mehr die Kontrolle über sich selbst verliert, um immer mehr von der Kontrolle durch die Schlauen abhängig zu werden.

Die Herausforderung, der sich die Gescheiten stellen, ist die Rückkehr zu sich selbst als die Gesamtheit ihres Ich, um alle eigenen Kräfte miteinander in Einklang zu bringen:

- Den Geist mit ihrem Körper.
- Körper und Geist mit den Gefühlen, die uns krank machen, wenn sie unterdrückt statt befriedigt werden.
- Geist mit Intuition und Kreativität, die sich nur entwickeln können, wenn sie in einem Umfeld der Harmonie eingebettet sind.

Niemand, der in seinem Garten Blumen pflanzt, würde eine Tulpe voll Ungeduld ausreißen, nur weil sie nicht schnell genug zur Blüte kommt. Sie blüht, wenn die Erde ihr genug Nahrung und die Sonne genug Kraft gegeben haben und wenn die Zeit gekommen ist, dass alle Voraussetzungen zur Reifung gegeben sind.

Und wie gehen Sie mit den Erfordernissen um, Ihre Persönlichkeit reifen zu lassen, damit sie zur vollen Reife kommen kann?

Das »Egoisten-Training« ist eine Anregung, Ihnen die sieben wichtigsten Schritte bewusst zu machen und Sie zu ermuntern, sich auf den Weg zu sich selbst zu begeben.

Da es sich dabei um ein integriertes Programm der Selbsterziehung handelt, greift jede Übung in die andere ein. Und nur alle zusammen führen zum Ziel.

Damit Sie es richtig verstehen: Das Ziel bedeutet nicht das Ende des Trainings, sondern schafft erst die Voraussetzung dafür:

- Sie wissen jetzt, welche Möglichkeiten Sie haben, Ihren Blick von außen nach innen zu wenden und alles loszulassen, was den Dialog mit sich selbst stört.
- Sie wissen, dass persönliche Freiheit und Glück nur durch eine eindeutige Entscheidung erreichbar sind. Die Alternativen lauten: Lebe ich so, wie andere es von mir erwarten, oder lebe ich mein eigenes Leben?
- Sie haben damit begonnen, einen Gesamtplan für den Rest Ihres Lebens zu skizzieren, um ihn Tag für Tag zu erweitern, zu vertiefen und durch immer neue Erfahrungen im neuen Umgang mit sich und der Mitwelt zu erweitern.
- Sie haben sich auf den Weg zurück in Ihre Vergangenheit gemacht, um dort die Hindernisse aufzuspüren und sich ihnen zu stellen, die Freiheit und Glück im Wege stehen.
- Sie üben Ihre Techniken der Selbstlenkung während der täglichen »Zeit für mich«. Und je öfter Sie es tun, umso besser erkennen Sie die vielfältigen Möglichkeiten, sich den Manipulationen der Mitwelt zu entziehen, um immer stärker die Kontrolle über sich selbst zu übernehmen.
- Ihr Verständnis dafür ist erweckt, dass es nicht genügt zu wissen, was Sie wollen – sondern dass Sie sich nur durch Handeln und Wiederholen ändern können.
- Und dann ist da noch der Nutzen, den Sie aus der Kontrolle Ihres Handelns ziehen, wenn Sie aus der Konfrontation mit Fehlern lernen und neue Erfahrungen sammeln.

Es liegt an Ihnen, dieses Programm zu einem Teil Ihres Alltagslebens zu machen, indem Sie es so lange an Ihre eigenen Vorstellungen und Möglichkeiten anpassen, bis es »Ihr« Programm geworden ist.

Ihr Programm, mit dem Sie als Ihr Trainer mit sich als Ihrem Schüler eins werden. Oder, um es im Sinne der »Egoisten-Bibel« auszudrücken: »Alles Leben ist eine große Einheit. Nichts steht allein für sich. Du bist ein Teil der Welt, in der Du lebst. Die Welt ist ein Teil des Kosmos. Der Kosmos bestimmt die Gesetze des Lebens. Du kannst die Gesetze des Kosmos nicht ändern, also änderst Du alles an Dir, was nicht dem Gesetz des Kosmos entspricht. Nur so bist Du in Harmonie mit dem Kosmos, und alles, was Du tust, gelingt.«

# 6
# Fassen wir zusammen, ehe Sie dieses Buch aus der Hand legen

Alle Vorhaben, vor allem jene, die unsere eigene innere Entwicklung betreffen, geraten von Zeit zu Zeit in Krisen.

Bei unerwarteten Widerständen meldet sich unser »Zweifler-Ich« und stellt nicht nur das Vorhaben, sondern auch uns selbst infrage. Mit Einwänden wie: »Gib auf, Du schaffst es ja doch wieder nicht.« Oder mit Ausreden: »Du hast doch wirklich Wichtigeres zu tun.« Und dem Standard-Satz der Selbstverleugnung: »Ich habe keine Zeit.«

Weil Sie im »Egoisten-Training« Ihr eigener Trainer sind, sollten Sie jederzeit vor solchen Verlockungen auf der Hut sein. Gescheite hören nie auf, sich selbst und ihre Gedanken zu beobachten. Ihre Technik der Denkkontrolle besteht darin, dass sie für jeden negativen Impuls sofort die positive Alternative denken. Ein: »Das schaffe ich nie«, ersetzen sie ganz automatisch durch: »Gleichgültig, was auch geschieht, ich schaffe es.«

Und es gibt zahlreiche Meister unter den Egoisten, die so lange und geduldig diese Strategie der Denk-Alternativen trainiert haben, bis sich das »Zweifler-Ich« erst gar nicht mehr meldet.

Das ist schließlich das Ziel dieses Trainings: Eines Tages sollten unsere Ideen, Wünsche und Bedürfnisse eins mit unserem Handeln sein. Und wir tun ohne Ängste und Zweifel das, was uns frei und glücklich macht.

# Nachwort

Lieber Leser, wenn Sie dieses Buch bis hierher gelesen haben, bleiben Ihnen zwei Möglichkeiten: Sie legen es zur Seite und vergessen es. Oder Sie machen für sich das Beste daraus.

Das Beste könnte sein, sich für den Rest Ihres Lebens auf das Abenteuer der Selbstfindung und Selbstverwirklichung einzulassen. Mit dem Ziel, an jedem weiteren Tag aus eigener Kraft möglichst frei und glücklich zu sein.

Freiheit und Glück aus eigener Kraft und möglichst an jedem Tag, das ist es, was die kleine Elite der Gescheiten in unserer Gesellschaft von den Dummen und Schlauen unterscheidet.

Es mag Sie im Laufe der Lektüre immer wieder verärgert haben, wenn Sie sich hier und dort als dumm oder schlau angesprochen fühlten. Ehrlich gesagt: Es geschah nicht ohne Absicht. Eine alte Weisheit der Gescheiten besagt: »Schmeichle jemandem, und er wird sich in seinem Irrtum bestätigt fühlen. Provoziere ihn, und er wird auch über unangenehme Fragen zu denken beginnen.«

Das »Egoisten-Training« und seine geistige Grundlage, die »Egoisten-Bibel«, sind keine Bücher im herkömmlichen Sinn. Sie sind provokante Ermunterungen, über sich nachzudenken und sich seine eigene »Bibel« zu schreiben. Einen persönlichen Plan für ein Leben, wie man es immer schon leben wollte.

Entscheidend ist, dass es tatsächlich Ihr Lebens-Programm mit Ihren wirklichen Wünschen, Ideen und Bedürfnissen ist. Vor allem aber, dass Sie für den Rest Ihres Lebens nicht aufhören, alles das täglich zu trainieren, was Sie sich vorgenommen haben.

Es ist wichtig, dass Sie wissen, was Sie im Leben wollen. Aber alles Wissen ist nichts, wenn Sie nicht das Beste für sich daraus machen. Egoisten – und das muss auch noch einmal gesagt werden –, Egoisten begnügen sich weder mit halbherzigen Bemühungen und schon gar nicht mit intellektuellen Diskussionen über das Für und Wider. Sie bewerten ihr gesamtes Handeln immer nur nach seinem praktischen Eigennutzen, verglichen mit der Zielsetzung.

[illegible]

# Die Sage des Lachens

[illegible]

Josef Kirschner

# Die Egoisten-Bibel

Kirschner teilt die Gesellschaft in drei Klassen ein: die Masse der Dummen, die Kaste der Schlauen und die Elite der Gescheiten. Die Dummen fragen ständig andere, was sie denken, glauben und kaufen sollen. Die Schlauen reden es ihnen ein und profitieren davon. Die Gescheiten wissen selbst ganz genau, was sie wollen, und sie tun es auch.

Ein provokantes und unerbittliches Buch
für das neue Jahrtausend!

Knaur

Die neue Lust am Leben entdecken

Vera Peiffer

# Positives Denken

Was sie schon immer wußten, aber sich nicht trauten, in die Tat umzusetzen

Positives Denken allein genügt nicht – man muss auch etwas tun. Hier ist das Trainingsprogramm, das schon vielen geholfen hat, ihrem Leben eine positive Wendung zu geben. Formulieren Sie Ihr persönliches Erfolgskonzept! Die Psychotherapeutin Vera Peiffer zeigt, wie man negative Gedanken verbannen und seinen positiven Gefühlen freien Lauf lassen kann.

Schutz vor Erbschleichern, Testamentfälschern und Schrankdurchwühlern

Joachim Breu und Sabine Weiden

# Streit ums Erbe

Wer bekommt was und wieviel?

Der Familienstreit in Deutschland hat eine neue Dimension bekommen. Kein Wunder, werden doch pro Jahr rund 200 Milliarden Euro vererbt. Durchschnittlich jede fünfte Familie hat in diesem Jahr mit dem Thema zu tun. Die meistgestellte Frage diesbezüglich lautet: Was steht mir zu und wieviel?

Anschaulich erläutern die Autoren die Tücken des Erbrechts und bieten Hilfestellung für alle Erbfälle und -konstellationen.